Antje Bayer

HITS FÜR KIDS
SCHWÄBISCHE ALB

Freizeittipps für die ganze Familie

J. BERG

Inhalt

Auf großer Fahrt

Inhalt

Abenteuer drinnen

Straßenjungs

Schwimmbäder und Badeseen

Feste

Kleines Laufrad sucht große Abenteuer.

Vorwort

Die Ferienzeit ist angebrochen, das Wochenende hat begonnen oder es gilt einfach einen freien Nachmittag interessant zu gestalten – für den Fall der Fälle ist dieser Familien-Freizeitführer eine willkommene Hilfe. Egal ob die Sonne scheint, der Blick auf das Außenthermometer ein Frösteln erzeugt oder der Wettergott sich nicht entscheiden möchte, ob er die Wolken ziehen lassen mag – das kleine Büchlein hält für jede Gelegenheit das Passende parat.

Eine Vielzahl an Vorschlägen ist in dem Freizeitführer niedergeschrieben. Die Tipps sind speziell für Familien ausgesucht und von Familien getestet. Anregungen für Touren, die den Geldbeutel schonen, aber auch Ausflüge, für die es sich lohnt zu investieren, sind hier zu finden.

Vielleicht sind die Kids nicht entscheidungsfreudig? Magda möchte Abenteuer und Sören lieber was Kreatives erleben? Teresa besucht gern ein

Toben auf dem Spielplatz

Kleiner Feuerwehrmann

Museum und Theo das Freizeitbad? Lisbeth geht gern in der Natur spazieren und Maren lernt lieber neue Orte kennen? Papa hat es gern etwas sportlich und Mama liebt Tierbeobachtungen? Was ist heute in unserer Stadt los? Welches Kindertheater führt Vorstellungen für Dreijährige auf? In diesen Fällen findet sich mit einem Blick in das Buch eine passende Antwort. In dem Familien-Freizeitführer werden über 50 Freizeitangebote vorgeschlagen, die sich an Kinder im Alter von 0 bis 12 Jahren richten.

Die Schwäbische Alb ist eine Region, in der man sich aktiv betätigen, aber auch verwöhnen lassen kann. Das ca. 200 Kilometer lange Mittelgebirge im Süden Deutschlands reicht von Baden-Württemberg bis Bayern. Das Karstgebiet ist besonders durch die Vielzahl seiner Höhlen bekannt. Etwa 2500 Höhlen wurden bisher gefunden. Aus botanischer Sicht ist die Silberdistel auf der Schwäbischen Alb von Bedeutung. Enzian oder auch Orchideen werden ebenfalls von den Wanderern ausgiebig bewundert. Mit einem Fernglas ausgerüstet beobachten Naturliebhaber seltene Schmetterlinge und Wanderfalken. Burgruinen laden zu Entdeckungen ein, archäologische Funde können im Museum in Augenschein genommen und Radtouren durch die herrliche Landschaft veranstaltet werden.

Alle vorgestellten Touren wurden mit und von Kindern getestet und positiv bewertet. Wir wünschen Ihnen ebensolche Erfahrungen beim Testen der Hits für Kids!

Tipps für unterwegs

Zu allen Ausflugszielen in dem Familien-Freizeitführer gibt es neben den allgemeinen Informationen auch Angaben zur Erreichbarkeit mit den öffentlichen Verkehrsmitteln und dem eigenen Fahrzeug. Generell gibt es ICE- und TGV-Verbindungen nach Stuttgart oder auch Ulm. Von hier aus fahren Regionalbahnen oder Busse zu den Orten der Schwäbischen Alb. Mit dem Regio-Ticket Baden-Württemberg oder dem Schönes-Wochenende-Ticket lassen sich auch ein paar Euro sparen. Informationen gibt es beim DB Reiseservice, Tel. 118 61, www.bahn.de.

Einkehrmöglichkeiten, Öffnungszeiten sowie Preise werden in dem Reiseführer ebenfalls genannt. Kurzfristig kann es vorkommen, dass die Preise und die Öffnungszeiten von den Veranstaltern aktualisiert werden. Daher ist es sinnvoll, sich kurz vor dem Start von der Aktualität zu überzeugen, um sich unnötige Überraschungen am Ziel zu ersparen. Hilfreiche Angaben wie die Telefonnummer des Veranstalters oder auch der Touristeninformation bzw. die entsprechende Internetadresse sind im Infokasten ersichtlich.

Kindertheater, Museen oder auch Kletterparks bieten die Möglichkeit zur Internet-Reservierung an. Diese Möglichkeit sollte gerade bei begehrten Veranstaltungen wie Workshops oder Ausstellungen genutzt werden. Auch Kindertheater sind bei beliebten Stücken schon frühzeitig ausgebucht, sodass bei einer spontanen Entscheidung keine Plätze mehr vorhanden sind. Hier ist es empfehlenswert sich schon ein paar Monate vorab bei seinem präferierten Kindertheater über die Programmvorschau zu informieren.

Die Preisgestaltung bei den Touren ist sehr variabel. Aus Platzgründen wurden hauptsächlich die Grundpreise für Eltern, Kinder und Familien aufgeführt. Neben diesen Preisen gibt es häufig auch Vergünstigungen. Gerade bei großen Museen und Tierparks trifft man öfter auf Sonderkonditionen. Jedes Jahr wird das Familien-Freizeit-Spaß-Scheckheft oder die Tourist-Regio-Card vom Schwäbischen Alb Tourismusverband (Tel. 07125/94 81 06, www.schwaebische-alb.de) herausgebracht. Auch die Gästekarte Mythos Schwäbische Alb für Familien, die die Kurorte Bad Urach, Gomadingen, Hayingen und Sonnenbühl-Erpfingen besuchen, bietet viele Vorteile. Der Landesfamilienpass in Baden-Württemberg wie auch viele städtische Familienpässe sind weitere Angebote.

Bei den Altersempfehlungen in dem Familien-Freizeitführer handelt es sich um Richtwerte. Die Mädchen und Jungen sind in ihrer Entwicklung häufig sehr unterschiedlich. Hier sollten die Eltern sich beraten, ob das Freizeitziel auch wirklich geeignet ist. Einige Veranstalter wie z.B. von Kletterparks oder Kartrennbahnen veröffentlichen Mindestgrößen oder auch ein Mindestalter auf ihrer Webseite. Von diesen Angaben wird aufgrund von Sicherheitsbestimmungen auch nicht abgewichen. Eltern ersparen

Neue Herausforderungen meistern

sich und ihren Kindern Enttäuschungen, wenn sie diese Kriterien bei der Planung berücksichtigen. Bei den Kindertheatern werden ebenfalls Altersempfehlungen zu jedem Stück veröffentlicht. Auch hier sollte man die Altersempfehlung beherzigen und nicht jüngere Kinder mitnehmen.

Das museumspädagogische Angebot ist bei vielen Museen abwechslungsreich und interessant. Darüber hinaus sind Kindergeburtstage attraktiv für Familien. Eine rechtzeitige Anmeldung und Beratung sind häufig notwendig, um eine Teilnahme an dem gewünschten Tag zu ermöglichen.

Die Ferien werden mit dem Ferienpass besonders klasse! Heidelberger Kinder im Alter von 6 bis 16 Jahren können unter einem weit gefächerten Angebot wählen. Sport, Ausflug, Theater, Kreativangebot oder Naturerlebnis stehen hier auf dem Programm. Auch den Ulmer Kindern wird in den Sommerferien nicht langweilig. Hinweise für den Ausgabetermin der

Klopfen, graben und suchen

Ferienpässe sind der heimischen Presse zu entnehmen oder bei der jeweiligen Stadt zu erfragen.

Ein wichtiger Faktor bei der Ausflugsplanung ist der Proviant. Gerade an warmen Tagen sind Getränke unerlässlich. Je nach Ausflug sollte auch an den Snack für zwischendurch gedacht werden. Ein faltbares leichtes Sitzkissen aus Isomaterial und eine feuchter Waschlappen sind bei Radtouren und Wanderungen hilfreich. Wechselkleidung für Jungen und Mädchen, die gerade lernen sich von der Windel zu trennen, sollte ebenfalls griffbereit sein.

Besonders wichtig ist der Fotoapparat im Gepäck. Schade, wenn er nicht dabei ist, um die einmaligen Momente und Erfahrungen mit den Kindern festzuhalten.

Wir wünschen Ihnen viel Freude beim Ausprobieren unserer Hits für Kids!

🐷	Spartipp	🚼	auch für kleine Kinder geeignet
🔥	Abenteuer	🐇	Unternehmungen mit Tieren
💡	Lehrreiches	🚲	Fahrradtouren
	Schwimmbäder		Badeseen
	Feste & Veranstaltungen	〰	Unternehmungen am Wasser
	Wanderungen		Kulturelles

Spritziges Fahrvergnügen mit dem Jet Ski

Abenteuer
draußen

1 Urweltsteinbruch Fischer in Holzmaden

Kleine Archäologen auf Entdeckungstour

Im Urweltsteinbruch Fischer in Holzmaden betätigen sich die Kinder als echte Forscher. Eifrig wird geklopft, gegraben und gesucht. Versteinerte Tiere und Pflanzen werden recht schnell und oft ans Licht gebracht.

■ **Anfahrt:** Auto: Von Herrenberg auf der A 81 Richtung Stuttgart. Am Kreuz Stuttgart weiter auf die A 8 Richtung München. Ausfahrt Kirchheim/Teck. Weiter nach Holzmaden. Im Ort ist der Steinbruch ausgeschildert. Öffentliche Verkehrsmittel: Mit der S-Bahn bis Kirchheim-Teck, dann weiter mit dem Bus nach Holzmaden.

■ **Öffnungszeiten:** Januar bis Dezember Di–So 9–17 Uhr

■ **Preise:** Erwachsene 5 Euro, Kinder 3 Euro, Schüler 3,50 Euro, Verleih Hammer und Meißel 1 Euro

■ **Altersempfehlung:** Ab 4 Jahren

■ **Information:** Urweltsteinbruch Holzmaden e.V., Museum + Schiefersteinbruch, Aichelberger Str. 75, 73271 Holzmaden, Tel. 07023/29 91, www.urweltsteinbruch.de

■ **Einkehr:** Selbst mitgebrachter Imbiss

Einst, vor ca. 190 Millionen Jahren, lebten in der Gegend von Holzmaden noch ganz andere Wesen. Urweltechsen bevölkerten zur Jurazeit die heutige Schwäbische Alb. Fischsaurier, Paddelechsen und Krokodile waren ebenso wie Ammoniten, Belemniten und Seelilien im Wasser zu finden. Auf dem Land lebten dagegen die Dinosaurier, deren Zeugnisse heute noch im Urweltsteinbruch Holzmaden zu entdecken sind.

Mit Hammer und Meißel bestückt, machen sich Eltern und Kinder an die Arbeit. Dabei ist schon etwas Geduld nötig, um auf einen Fund zu stoßen. Die Schichten des **Holzmadener Posidonienschiefers** sind zahlreich, und so werden auch die Erwachsenen von Ehrgeiz gepackt. Die bisherigen Funde im Urweltsteinbruch zeigen, dass sich die Mühe lohnt. So wurde schon ein Saurierzahn gefunden.

Das benötigte Werkzeug kann selbst mitgebracht werden. Wer dieses in seiner Werkzeugkiste allerdings nicht finden kann, dem bietet sich die Möglichkeit, Hammer und Meißel gegen eine Gebühr von 1 Euro vor Ort auszuleihen. Außerdem ist es empfehlenswert, im Som-

Zukünftige Archäologen

mer an den Sonnenhut, die Sonnenbrille wie auch an ausreichend Getränke zu denken. Die Brille schützt nicht nur vor der Sonne, sondern auch vor den Gesteinssplittern, wenn man mit dem Hammer tätig wird.

Sitzgelegenheiten befinden sich in großer Zahl im Urweltsteinbruch. Von hier aus können die Eltern, Omas und Opas ihren Sprösslingen in Ruhe zusehen und sich selbst eine Pause gönnen. Zeitweise bewundern sie die Funde, etwa einen kleinen Markasit, eine Muschel oder ein anderes Fossil. Nach einer kleinen Pause und einem kleinen Snack machen sich die Kinder auch schon wieder auf, um sich als Hobby-Archäologen zu betätigen.

Außerdem bietet sich der Besuch des kleinen zweistöckigen Museums an. Dieses gehört mit zum Urweltsteinbruch Holzmaden. In ihm sehen sich die Besucher die faszinierendsten Funde an, die im Steinbruch gefunden wurden. Sehr beeindruckend sind zudem die Modelle der Flug-, Fisch- und Landsaurier. **Dinosaurier-Dokumentationen**, die auf einer Leinwand gezeigt werden, geben einen Einblick in die Zeit, als die großen Echsen durch das Gelände stampften.

Wer gern ein kleines Souvenir oder vielleicht auch eine kleine Versteinerung mit nach Hause nehmen möchte, der sucht sich in dem kleinen **Shop** das Passende aus.

Tipp
Der Urweltsteinbruch Holzmaden bietet an, einen tollen Kindergeburtstag im Steinbruch zu feiern. Unter der Telefonnummer 07023/29 91 gibt es nähere Informationen.

2 Brenzpark Heidenheim

Abenteuer im Freien

Zu jeder Jahreszeit bietet der Brenzpark in Heidenheim eine Vielzahl an Betätigungsfeldern. Der wunderschön angelegte Garten mit seiner bunten Farbenpracht lockt zahlreiche Spaziergänger an. Aber auch für die Kids ist einiges geboten.

Der Brenzpark in Heidenheim erfreut sich großer Beliebtheit bei Einheimischen und auch Touristen. Die grüne Oase der Stadt hält für jede Altersklasse das Passende bereit. Auch die Kinder kommen während eines Spaziergangs nicht zu kurz. Ein besonderer Anziehungspunkt sind die Spielplätze. Die **Sparkassen-Spiellandschaft** animiert den Nachwuchs zum Klettern und Rutschen. Wer lieber matscht – auch kein Problem. Ein Bereich für zünftige Wasserspiele lockt die Kapitäne und Matschepampe-Baumeister.

Gleich in der Nähe befindet sich der Seilgarten unter der Seewiesenbrücke, wo man sich sportlich betätigen kann. Die Kletterfelsformation im Bereich der Sparkassen-Spiellandschaft kann ohne Sicherung erobert werden. Eine größere Herausforderung ist der Fitnessparcours. Acht verschiedene Geräte und Stationen können unabhängig von Alter und sportlichem Leistungsstand genutzt werden.

Neben dem **Naturtheater**, wo Kinder und Eltern die Abenteuer von Michel aus Lönneberga verfolgen, gibt es noch einen **Skaterpark**, der wie ein Magnet wirkt. Alles, was rollen kann, verfolgt ein Ziel: möglichst elegant die Hürden zu nehmen. Die Anfänger lassen sich aber nicht abschrecken und üben beflissentlich auf ihren Skates oder auch auf dem Skateboard. Im Brenz-

■ **Anfahrt:** Auto: Über die A 7, B 456 und B 19 nach Heidenheim. Öffentliche Verkehrsmittel: Mit den Bus-Linien 50, 51, 58 und 7694 zur Haltestelle Seewiesenbrücke.

■ **Öffnungszeiten:** März bis April 11–19 Uhr, Mai bis August 10–21 Uhr, September bis Oktober 11–19 Uhr, November bis Februar jeweils Sa, So, Feiertag 11–17 Uhr

■ **Preise:** Erwachsene 1 Euro, Kinder 0,50 Euro

■ **Altersempfehlung:** Ab 0 Jahren

■ **Information:** Stadt Heidenheim an der Brenz, Grabenstraße 15, 89522 Heidenheim, Tel. 07321/327-0, www.heidenheim.de

■ **Einkehr:** Selbst mitgebrachter Imbiss

Spiele mit einem zahmen Ungeheuer

park Süd befindet sich noch eine Spielstation, die zum Schaukeln einlädt. Hier steht auch eine große Holzlokomotive mit zwei Anhängern, die so manches Jim Knopf-Double herausfordert.

Wer ein wenig Erholung sucht, begibt sich zur **Kneippanlage** und stärkt gleichzeitig sein Immunsystem. Seele und Beine kann man auch am Umlaufgerinne baumeln lassen. Einen trockenen Aufenthalt ermöglicht der Heil- und Aromagarten. Hier kommen die Nasen der Familien zum Einsatz, die eine Vielzahl von betörenden Gerüchen aufnehmen.

Das **Grenzstein-Lapidarium** ist eine weitere sehenswerte Einrichtung im Brenzpark. Von vorn und hinten werden die Grenzsteine bestaunt. Die Schautafel an der Anlage erklärt das Vermarken und Verzeugen der ehemaligen Grenzwächter. Auf der Rückseite sind 32 Steine mit ihren Wappen und Zeichen abgebildet, wie auch die Erklärungen, was die verschiedenen Zeichen auf den Steinen bedeuten.

Interessante Veranstaltungen wie Theateraufführungen, Konzerte, Filmvorführungen oder auch Vorträge finden hauptsächlich im Sommer statt. Die einstündige Führung kann über die Telefonnummer 07321/924 56 42 gebucht werden.

> **Tipp**
> Die Naturerlebnis-Kindergeburtstage werden für maximal zehn Kinder im Alter von fünf bis zehn Jahren angeboten. In den zwei Stunden arbeiten die Kinder mit Naturmaterialien, gestalten einen eigenen Traumgarten oder erkunden die Streuobstwiese. Die Kosten für den Kindergeburtstag betragen 75 Euro inkl. Eintritt.

3 LEGOLAND Günzburg

Viele bunte Steine

Direkt am Rand der Schwäbischen Alb befindet sich Günzburg mit seinem LEGOLAND. Mehrere Themenbereiche mit spannenden Attraktionen erwarten die Besucher. Die Kreativität und die Fantasie bleiben dabei nicht auf der Strecke.

■ **Anfahrt:** Auto: Autobahn A 8 zwischen München und Stuttgart, Ausfahrt Günzburg. Öffentliche Verkehrsmittel: Vom IC-Bahnhof Günzburg fährt ein öffentlicher Shuttlebus zum LEGOLAND Deutschland.

■ **Öffnungszeiten:** 30. März bis 4. November von 10–18 Uhr (23. bis 25. April sowie vom 17. bis 19. und 24. bis 26. September geschlossen)

■ **Preise:** Tageskarte Erwachsene 38 Euro, Tageskarte Kinder 3–11 Jahre 34 Euro (online sind auch Familienkarten für bis zu vier Personen zu 128 Euro erhältlich)

■ **Altersempfehlung:** Ab 0 Jahren

■ **Information:** LEGOLAND Allee, 89312 Günzburg, Tel. 01805/70 07 57 01, www.legoland.de

■ **Einkehr:** Restaurant und Cafés im Freizeitpark

Für Liebhaber der bunten Steine ist das LEGOLAND Günzburg eine Traumwelt, die zur Realität wird. Der Freizeitpark lockt mit vielen Attraktionen und lässt dabei die eigene Fantasie nicht zu kurz kommen.

In acht Themenbereiche ist der Park eingeteilt. So gibt es das Miniland, in dem die Besucher eine Welt aus über 25 Millionen LEGO®-Steinen bewundern. Darunter befinden sich Gebäude wie der Berliner Reichstag, der Münchner Flughafen – mit Terminal 2 und dem Airbus A380 – sowie die Städte Venedig oder auch das Land Schweiz. Im Bereich Imagination bauen die Besucher im Test Center eigene Rennwagen oder unternehmen eine Fahrt mit der Hochbahn. Vom Aussichtsturm aus haben sie einen fantastischen Blick über den Freizeitpark.

Der Spaß steht bei LEGO® X-treme an erster Stelle. Ihren Mut stellen die Kinder als Rennfahrer auf der Project X-LEGO® Test-Strecke unter Beweis und bauen bzw. programmieren ihren eigenen LEGO®-Roboter. Für die Jüngsten gibt es einen Wasserspielplatz zu erkunden. Im Land der Ritter erkunden die Parkbesucher eine mittelalterliche Burg. Eine Fahrt mit der Achterbahn ist inklusive. Zudem bieten die Fahrt mit dem

Schwindelerregender Fahrspaß mit dem Feuerdrachen

schnellen Karussell und die Fahrt durch die Welt der Drachen ein abenteuerliches Vergnügen.

Einen Ausflug in den Dschungel unternehmen die Kids mit ihren Eltern im Land der Abenteurer. Hier begegnen ihnen wilde Tiere, wie sie sonst nur im Zoo zu erleben sind. Die Tiere wie auch die anderen Figuren sind natürlich aus LEGO®-Steinen. Neben der Dschungel-X-pedition gibt es die Möglichkeit eine Kanu-X-pedition durchzuführen. Letztere ist für die kleinen Kinder sehr gut geeignet.

Im Land der Piraten wird es besonders aufregend. 5000 Quadratmeter ist dieses Gebiet groß. Wie echte Piraten klettern die Kids auf dem Piratenspielplatz und hissen die Segel für die große Fahrt. In der Piratenschule kann vorher geübt werden. Die riesige Schiffsschaukel schüttelt den Magen ganz schön durch. Nicht weniger aufregend ist die Bootstour, bei der die Piraten und Piratinnen an so manchem gesunkenen Schiff vorbeikommen.

In die Hände eines LEGOLAND Industrieroboters begeben sich die Besucher in LEGO CITY. Der Helden-Passagierroboter testet die Passagiere ausgiebig auf ihre Schwindeltauglichkeit. Je nach Stufe werden die Kinder und Eltern durch die Luft gewirbelt. Hier gibt es auch die Vorschrift, dass nur Kinder ab 1,20 m mitfahren dürfen. Entspannter geht es bei der Seefahrt zu. Zusammen mit ihren Eltern steuern die Kinder das Boot selbstständig.

Danach geht es in die LEGO® Fabrik, wo man alle Details über die Herstellung der LEGO®-Steine erfährt. Jeder Besucher erhält zum Abschluss einen frisch gegossenen LEGO®-Stein zur Erinnerung.

Eine bunte und fantasiereiche Abenteuerwelt

Viele Jungen und Mädchen im Alter von sieben bis dreizehn Jahren machen in der Hyundai Fahrschule ihren Führerschein. Nach einer kleinen Videoeinweisung werden sie innerhalb des Fahrschulparcours mit Schildern und Ampeln selber tätig. Den LEGOLAND-Führerschein erhalten sie als Lohn für ihre Mühen. Um daran teilnehmen zu können, ist am Tag des Parkbesuchs rechtzeitig an der Hyundai Fahrschule ein Platz zu reservieren. Die Teilnahmegebühr beträgt 5 Euro. Für die Minis gibt es eine eigene LEGOLAND Junior Fahrschule. Mit dem Miniauto erobern die Lütten den Parcours. Hier gilt die Altersbegrenzung drei bis sechs Jahre.

Die Bootswerft in der Nähe des Hafens ist noch mal eine richtige Spielstation, wo die Kids ihrem Bewegungsdrang nachgehen können. Röhrenrutschen, Klettermöglichkeiten wie auch Krabbeltunnel für die Kleinen erwarten die Kinder.

> **Tipp**
>
> Kinder erhalten an ihrem Geburtstag gegen Vorlage des Kinderausweises freien Eintritt. (Diese Regelung gilt bis zum einschließlich 11. Geburtstag.) Außerdem bietet der HiPP Baby Service einen Rundum-Service für Mutter und Kind. Für Babys und Kleinkinder gibt es ein umfangreiches Angebot an Baby- und Kleinkindnahrung und eine kostenlose Beratung. Der HiPP Baby Service befindet sich im Bereich Imagination beim DUPLO® Spielplatz und dem Pizza Mania! Restaurant. Außerdem sind alle Toiletten im Park mit Wickelraum ausgestattet.

Regelmäßig finden Shows und Events im LEGOLAND statt. Artisten zeigen ihre Künste, die extra Gruseleinheiten zu Halloween und die Langen Nächte sind nur einige Beispiele. Mehrere Shops im LEGOLAND sorgen für großes Shoppingvergnügen. Aber Achtung! Nicht jeder Shop darf von jedem betreten werden. So ist der Cool Girls Shop nur für Mädels im Alter von drei bis 13 Jahren zugänglich.

Auch Restaurants und Cafés sind in Hülle und Fülle vertreten. Je nach Wunsch lassen sich Eltern und Kinder heiße Waffeln, Pizza, Geflügelgerichte und Pasta schmecken. Für das Eis zum Nachtisch ist ebenfalls gesorgt.

Da das LEGOLAND mit seinen vielen Attraktionen sehr groß ist und die Liveshows und Workshops so manchen locken, ist es empfehlenswert den Freizeitparkbesuch für zwei Tage zu planen. Der Reiseveranstalter LEGOLAND Holidays vermittelt auf Wunsch Übernachtungsmöglichkeiten inkl. Eintritt.

4 Bärenhöhle und Nebelhöhle

Abenteuer in der Unterwelt

Die Bärenhöhle bei Sonnenbühl-Erpfingen sowie die Nebelhöhle bei Sonnenbühl-Genkingen sind lohnenswerte Ausflugsziele. Die Nebelhöhle beeindruckt besonders durch ihre Stalagmiten, Stalaktiten und Stalagnaten, während die Bärenhöhle ihren Namen den zahlreichen Skelettfunden von Höhlenbären verdankt.

Der Besuch der Bärenhöhle und der Nebelhöhle ist für Kinder sehr abenteuerlich. Die Bärenhöhle ist mit der Karlshöhle verbunden und ist eine der meistbesuchtesten Höhlen. Während einer Besichtigungstour bei Temperaturen von 8–10° Celsius erhalten die Besucher wissenswerte Informationen zur Entstehung der Höhle. So erfahren sie, dass vor 20 000 Jahren in der Höhle Nashörner, Höhlenlöwen und Bären lebten. Schädel und Knochen sowie ein restauriertes Bärenskelett werden täglich von den Besuchern bestaunt. 271 Meter können insgesamt erkundet werden.

Die Nebelhöhle glänzt dagegen mit einer beeindruckenden Anzahl von Stalagmiten, Stalaktiten und Stalagnaten. Sie gehört zu den schönsten Höhlen der Schwäbischen Alb und ist etwa 380 Meter lang. Als Zufluchtsort von Herzog Ulrich von Württemberg machte sie sich auch in der Geschichte einen Namen. Wer heute die Nebelhöhle besucht, betritt geheimnisvolle

■ **Anfahrt:** Auto: B 27 Richtung Mössingen oder B 312 Richtung Pfullingen nach Sonnenbühl. Mit öffentlichen Verkehrsmitteln nicht direkt anfahrbar.

■ **Öffnungszeiten:** April bis Ende Herbstferien 9–17.30 Uhr, März, November Sa, So, Feiertag 9–17 Uhr (Dezember bis Februar Winterpause)

■ **Preise:** Erwachsene 4 Euro, Kinder 6–14 Jahre 2,50 Euro, Familien 10 Euro

■ **Altersempfehlung:** Ab 4 Jahren

■ **Information:** Rathaus Undingen, Hauptstraße 2, 72820 Sonnenbühl-Undingen, Tel. 07128/925 18, www.sonnenbuehl.de, http://hoehlenwelten.sonnenbuehl.de

Tipp
Jedes Jahr zu Pfingsten findet das Nebelhöhlenfest statt. Die Besucher erwartet ein abwechslungsreiches Programm. Fahrgeschäfte wie Bungee-Jumping, Kettenkarussell und Kinderkarussell lassen die Kinderherzen höher schlagen.

Die glitzernde Höhlenwelt erkunden

Räume und wird dabei über die Anzahl der Tropfsteine überrascht sein. Vorher müssen aber 141 Stufen überwunden werden, die in die Höhle hinabführen. Aus diesem Grund ist das Betreten für Gehbehinderte nicht empfehlenswert.

In der letzten Halle der Bärenhöhle wartet noch eine Überraschung. Hier befindet sich der Stumpf des abgesägten Tropfsteins. Als einer der größten Tropfsteine mit einer Höhe von 4,5 Metern wurde er im Jahr 1961 abgesägt und für die Restauration bzw. für die Wandverkleidung im Treppenhaus des Neuen Schlosses in Stuttgart verwendet.

Die Karls- bzw. Bärenhöhle kann nur im Rahmen einer **Führung** erkundet werden. Führungen finden ständig statt. Trotzdem sollte eine Wartezeit von ca. 30 Minuten eingeplant werden. Gruppen ab 20 Personen möchten sich bitte über die Telefonnummer 07128/635 anmelden.

Die Nebelhöhle darf dagegen allein und zu jeder Zeit während der Öffnungszeiten besucht werden. Hier empfiehlt es sich den **kleinen Kurzführer** zu erwerben, der über die Geschichte der Höhle, die Lampenflora oder auch über die alten Zugänge informiert. Die Geschichten über den abgesägten Tropfstein oder wie die Höhle als Versteck für den Herzog diente sind ebenfalls in der Broschüre enthalten.

5 Blautopf

Wo sich die Nixen tummeln

Der Blautopf fasziniert durch seine Wasserfärbung je nach Lichtein-wirkung. Die Karstquelle dient dem Höhlensystem als Abfluss. Wasser, das in einem größeren Gebiet versickert ist, tritt hier wieder an die Oberfläche.

Seine intensive Blaufärbung zieht viele Besucher an. Vor der Kulisse des Klosters Blaubeuren sieht der Blautopf noch geheimnisvoller aus. Kein Wunder, dass sich um ihn verschiedene Sagen und Legenden ranken.

Manch einer sagt, dass in den Blautopf täglich ein Fass mit Tinte geschüttet wird. Auch dass der Blautopf ohne Boden ist, war ein Volksglaube. Angeblich hat eine Nixe den Versuch, die Tiefe des Blautopfes zu ermitteln, stets gestört. Egal welche Geschichte erzählt wird, der Blautopf mit seiner einzigartigen Färbung regt die Fantasie der Besucher jedes Mal vor Ort an.

Versuche, mithilfe von Tauchern den Blautopf zu erforschen, gelangen erst im Jahr 1880. 1957 konnten sogar der Grund und der Eingang der **Blautopfhöhle** erreicht werden. Später gab es viele Unfälle unter den Hobbytauchern, sodass der Blautopf gesperrt wurde. Mittlerweile wurde der Blautopf bis zu einer Marke von 3000 Metern erforscht.

Besonders schön ist es, den Besuch des Blautopfes mit einer Wanderung zu verbinden. Eine kleine Wanderung von ca. 45 Minuten Gehzeit ist die **Altstadt-Runde**. Die Länge beträgt 1,5 Kilometer und ist somit auch für kleinere Spaziergänger gut geeignet. Den Einstiegspunkt kann jeder selbst bestimmen. Die 15 Stelen entlang

Tipp

Bekannte Musiker, Kabarettisten und Künstler zeigen auf der Sommerbühne am Blautopf ihre Kunst. Über 10 000 Besucher zieht das mehrwöchige Open-Air-Festival im Juli/August in Blaubeuren an. Ein Event für die ganze Familie.

■ **Anfahrt:** Auto: A 8 Ausfahrt Merklingen und B 28 nach Blaubeuren. Öffentliche Verkehrsmittel: Mit der Bahn bis zum Bahnhof Blaubeuren. Weglänge: Altstadtrunde 1,5 km, Tugendpfad 5 km

■ **Information:** Touristinformation Blaubeuren, Karlstraße 2, 89143 Blaubeuren, Tel. 07344/966 90, www.blaubeuren.de

■ **Einkehr:** In den Lokalen in Blaubeuren

Familienausflug

des Altstadtstelenrundgangs weisen den Wanderern die richtige Richtung, sodass sie auch wieder sicher ihren Anfangspunkt erreichen. So gelangt man z. B. vom Parkplatz Türmle über den Kirchplatz, den Marktplatz, Spitalscheuer, den Blautopf entlang des Klosters zum Anfangspunkt zurück.

Eine weitere Alternative ist der **Tugendpfad**. Hier sollte bei einer Strecke von fünf Kilometern eine Gehzeit von 1,5 Stunden eingeplant werden. Der Startpunkt ist die Touristinformation. Über das Türmle geht es weiter zum Hallenbad, wobei hier die Blau überschritten wird. Am Ende führt der Weg linker Hand bis nach Gerhausen. Über die Eisenbahnbrücke, den Riedweg entlang, erreichen die Entdecker bald wieder die Innenstadt.

Tipp
Direkt in der Nähe des Blautopfes befindet sich ein **Hammerwerk**, das ebenfalls sehenswert ist. Das Hammerwerk wird hier durch das Quellwasser angetrieben. Geöffnet hat es von Januar bis Palmsonntag, Samstag, Sonntag und Feiertag 11–16 Uhr, von Palmsonntag bis 31. Oktober täglich 9–18 Uhr und von 1. November bis 30. November Samstag, Sonntag und Feiertag 11–16 Uhr. Der Eintritt beträgt für Erwachsene 1,50 Euro, Kinder von 7–18 Jahren 1 Euro, Familien 4 Euro.

6 Keltenmuseum Heuneburg

Keltische Kultur erforschen

Im Freilichtmuseum Keltendorf Heuneburg lässt sich das Leben der Kelten vor über 2500 Jahren nachvollziehen. Von 1998 bis 2001 währte die Bauzeit des Freilichtmuseums Keltischer Fürstensitz Heuneburg. Seitdem können zahlreiche Rekonstruktionen besichtigt werden.

Für Kinder ist der Besuch des Freilichtmuseums Keltendorf Heuneburg sehr spannend. Hier können sie anhand der Rekonstruktionen nachvollziehen, wie die Kelten vor vielen vergangenen Jahrhunderten lebten. Einst war die Heuneburg eine vor- und frühgeschichtliche Höhensiedlung, wobei die Kernanlage des frühkeltischen Fürstensitzes etwa eine Länge von 300 Metern und eine Breite von 150 Metern maß.

Das Freilichtmuseum wurde sehr detailgetreu aufgebaut. Bauern der Umgebung fanden wäh-

■ **Anfahrt:** Auto: B 311 (Ulm-Donaueschingen) und B 32 (Ravensburg-Hechingen). Die Abfahrt liegt zwischen Herbertingen und Mengen. Nach Hundersingen, Richtung Binzwangen und vorbei am Heuneburgmuseum. 2 km weiter ist der Parkplatz der Heuneburg. Öffentliche Verkehrsmittel: Vom Bahnhof Herbertingen in etwa einer Stunde zu Fuß oder innerhalb von etwa zehn Minuten mit dem Rufbus.

■ **Öffnungszeiten:** 6. April bis 1. November Di–So und feiertags 11–17 Uhr

■ **Preise:** Erwachsene 3 Euro, Schüler 2 Euro, Familien 6,50 Euro, Kinder bis 6 Jahre haben freien Eintritt

■ **Altersempfehlung:** Ab 5 Jahren

■ **Information:** Keltenmuseum Heuneburg, Museumsverwaltung, Holzgasse 6, 88518 Herbertingen, Tel. 07586/92 08 38, www.heuneburg.de

■ **Einkehr:** Museumscafé im Freilichtmuseum

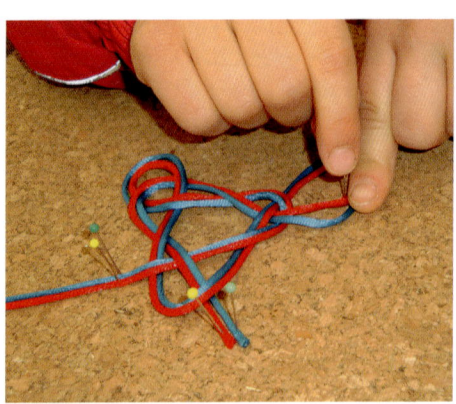

Knüpfen eines keltischen Knotens

rend der Arbeiten immer wieder interessante Fundstücke. Auch Archäologen sind derzeit immer noch mit Ausgrabungen beschäftigt.

Heutzutage können die Besucher des Freilichtmuseums das **Donautor** mit einer über 80 Meter langen, originalgetreu aufgebauten Lehmziegelmauer bewundern. Zudem sind das Herrenhaus oder auch das Wohnhaus zu begutachten. Hier gibt es Gebrauchsgegenstände zu sehen, außerdem ein Bett oder auch einen Mahlstein. Das Wohnhaus ist etwa 8,50 Meter lang, 5,60 Meter breit und etwa 5,40 Meter hoch. Neben einem Speicher gibt es ein Werkstattgebäude mit Ofenanlagen zu besichtigen. Alle Gebäude wurden mit Materialien wiederaufgebaut, die damals auch wirklich verwendet wurden.

Zum Abschluss lohnt es sich auf der **Befestigungsmauer** zu laufen und den wunderschönen Ausblick zu genießen. Wer Lust hat, sich noch intensiver mit den Forschungsergebnissen und Originalfunden aus der Heuneburg zu beschäftigen, kann das Heuneburgmuseum oder auch Keltenmuseum Heuneburg besuchen. Hier erhält man einen Überblick über die 100-jährigen Forschungen und Informationen zu den wichtigsten Siedlungsstadien und Befestigungswerken der Heuneburg. Besonders spannend sind die originalen Fundstücke, die ausgiebig bewundert werden können. Informationen zu Handwerkstechniken, Architektur, aber auch zu mediterranen Sitten und Gebräuchen der Kelten vervollständigen die Ausstellung.

Im **Shop** können die Besucher ein interessantes Souvenir erwerben. Neben keltischem Schmuck werden auch Bücher über die Kelten verkauft. Darunter befinden sich Kinderbücher, die sich mit dem Thema Ausgrabungen oder auch Hüttenbau beschäftigen.

Die Öffnungszeiten und Preise für das Museum sind mit den Öffnungszeiten des Freilichtmuseums identisch. Bei dem Besuch beider Museen zahlen Erwachsene 5 Euro, Schüler 2 Euro, Familien 12 Euro. Kinder bis sechs Jahre haben freien Eintritt.

Tipp
Das Freilichtmuseum führt für Einzelpersonen und Familien jeweils vom 1. Juni bis 30. September jeden Sonntag um 14 Uhr eine Führung durch. Außerdem werden Führungen an speziellen Feiertagen wie zu Ostern, dem Maifeiertag, zu Pfingsten oder auch zum Herbertinger Bienenmarkt veranstaltet. Die Kosten für die Führung betragen pro Person 3 Euro.

7 Wanderung zu den Wasserfällen in Bad Urach

Rauschende Eindrücke

Die Wasserfälle und der Hohenurach in Bad Urach lassen sich im Rahmen einer Wanderung am besten erkunden. Im Maisental im Südwesten der Stadt stürzt das Wasser aus der Quelle des Brühlbaches 37 Meter in die Tiefe. Das Spektakel gefällt nicht nur den kleinen Zuschauern.

■ **Anfahrt:** Auto: A 8 aus Richtung Karlsruhe, Ausfahrt Stuttgart-Degerloch, dann B 27/312 nach Metzingen und B 28 nach Bad Urach. Öffentliche Verkehrsmittel: ICE nach Stuttgart oder Plochingen, dann auf der Bahnlinie Stuttgart–Reutlingen–Tübingen nach Metzingen. Weiter mit dem Regionalzug nach Bad Urach.

■ **Weglänge:** 7,5 km

■ **Höhenmeter:** 220 m

■ **Altersempfehlung:** Ab 5 Jahren

■ **Information:** Kurverwaltung Bad Urach, Bei den Thermen 4 (Haus des Gastes), 72574 Bad Urach, Tel. 07125/943 20, www.badurach.de

■ **Einkehr:** Kiosk im Sommer auf der Hochwiese; Maisentalstüble, Vorderes Maisental 5, 72574 Bad Urach, Tel. 07125/42 41, Öffnungszeiten Di–So 10–22 Uhr

Vom Wanderparkplatz Wasserfall Bad Urach geht die Wanderung los. Entlang des Brühlbaches durch das Maisental erreichen die Eltern und Kinder schon bald den **Uracher Wasserfall.** Etwa 37 Meter stürzt hier das Wasser des Brühlbaches hinunter. Das ist eine Szene, die jedem Familienmitglied gefällt. Je nach Sonneneinstrahlung kann man zudem noch wunderschöne Wasserspiele beobachten. Nachdem das Wasser über die Tuffwand geglitten ist, stürzt es

Rauschende Eindrücke

50 Meter über bemoostes Kalktuffpolster. Über einen Stufenweg geht es zur Hochwiese. Hier lohnt sich eine Rast. Im Sommer hat ein Kiosk geöffnet, an dem die Wanderer Getränke und kleine Snacks erhalten.

Von der Hochwiese führt die Wanderung über einen breiten Weg zur **Kreuzhütte**. Jetzt ist Muskelkraft nötig, um den steilen Weg zur Festungsruine Hohenurach zu bewältigen. Der Hohenurach war eine der Grenzfestungen des Herzogtums Württemberg. Erbaut 1025 durch die Grafen von Urach, wurde sie bald darauf an den Grafen von Württemberg veräußert. Dieser baute die Burg weiter aus. Seit dem Jahr 1765 wurde die Burg dann allerdings abgetragen. Vor dem Hintergrund der Ruine werden die Kinder, sobald sie angekommen sind, häufig zum Ritter oder auch Burgfräulein. Ritterspiele und Ritterkämpfe sind keine Seltenheit vor Ort, während die Eltern in Ruhe den wundervollen Blick genießen.

Nach einer kleinen Pause inklusive Stillung des Appetits können Eltern und Kinder dem gut ausgeschilderten Weg zum Parkplatz folgen. Über die **Burgsteige** zum Kreuz geht es über das Seltbachtal, das Graf-Eberhard-Sträßle und das Maisental zurück.

Die Wanderung dauert ca. ein bis zwei Stunden, je nach Geschwindigkeit. An ausreichend Getränke und Snacks sollte gedacht werden. Im Sommer zusätzlich daran denken, die Sonnencreme nicht zu vergessen!

Geführte Wanderungen werden regelmäßig von der Kurverwaltung durchgeführt. Die Wanderungen sind ca. fünf bis neun Kilometer lang und finden dienstags um 13.30 Uhr bzw. samstags um 9.30 Uhr im Wechsel statt. Treffpunkt ist am Marktbrunnen oder beim Haus des Gastes. Vor Ort wird dann auch entschieden, was das Ziel der Wanderung ist. Die Wanderungen sind mit Gästekarte kostenlos, wer keine Gästekarte besitzt zahlt 2,50 Euro.

8 Burg Hohen Neuffen

Burgbesichtigung und Gaumenfreuden

Schon von Weitem ist die Burg Hohen Neuffen zu sehen. Die große mittelalterliche Burgruine ist ein beliebtes Ausflugsziel. Hier können nicht nur die Kasematten besichtigt werden, sondern auch ein Biergarten und Restaurant laden zur Einkehr.

Die Burg Hohen Neuffen wurde einst zwischen 1100 und 1120 von Mangold von Sulmetingen, der sich später Neuffen nannte, erbaut. Stolz reckt sie sich in einer Höhe von 743 m über dem Meeresspiegel auf dem Felsen empor. Später übernahmen die Herren von Weinsberg bzw. das Haus Württemberg die Burg. Im Jahr 1952 war die Dreiländerkonferenz auf dem Hohen Neuffen ein bedeutendes Ereignis. Hier begannen die Streitigkeiten um die Bildung des Südweststaates Baden-Württemberg.

Heutzutage ist die Burg ein schönes Ausflugsziel. Teilweise sind die **Kasematten** zugänglich, was vor allem die Kinder zu verschiedenen Spielen inspiriert. Nach der ausgiebigen Besichtigung der Burg lassen sich Eltern und Kinder die leckeren Gerichte und Getränke im Restaurant oder im Biergarten schmecken. Salatvariationen, schwäbische Gerichte wie hausgemachte Maultaschen oder auch Rostbraten stehen auf der Karte. Für die Kids gibt es eigene Kindergerichte wie Minischnitzelchen oder eine Portion Spätzle. Herzhaftes gibt es zudem samstags, sonntags und an Feiertagen in der Sommersaison an der Grillstation im Burghof. Das Restaurant hat jeweils im März Mi–So 9–18 Uhr, von April bis Oktober Mi–Sa 9–22 Uhr und So, feiertags 9–19 Uhr geöffnet. Der Kiosk versorgt die Besucher im März Mi–So 9–18 Uhr und von April bis Oktober Mi–Sa 9–22 Uhr, So, Mo, Di und feiertags 9–19 Uhr.

■ **Anfahrt:** Auto: A 8 Abfahrt Kirchheim/Teck, Richtung Dettlingen nach Lenningen. In Lenningen dann über Erkenbrechtsweiler und zur Festungsruine Hohen Neuffen.

■ **Öffnungszeiten:** Januar bis Dezember

■ **Preise:** Kasematten frei zugänglich

■ **Altersempfehlung:** Ab 1 Jahr

■ **Information:** Burgherrin und Burgherr Erika und Axel Vetter, Burg Hohen Neuffen, 72637 Neuffen, Tel. 07025/ 22 06, www.hohenneuffen.de

■ **Einkehr:** Restaurant und Biergarten auf der Burg

Von Januar bis März findet bei schönem Wetter jeden Sonntag um 14 Uhr eine **Falknervorführung** statt. Hier können die Besucher Wüstenbussarde oder auch Jagdfalken beobachten. Pfeilschnell fliegen die Vögel nah über die Köpfe der Familien, um dann sicher an dem ihnen vorgegebenen Platz zu landen. Darüber hinaus erhalten Sie interessante Informationen zur Kunst der Falknerei.

Das ganze Jahr über finden auf der Burg Hohen Neuffen Veranstaltungen statt. Neben kabarettistischen Veranstaltungen werden Festtagsmenüs, öffentliche Tafelei mit Herold und Gaukler sowie Musicalevents veranstaltet.

Jeweils im August finden der Historische Handwerkermarkt und das **Burg-Spectaculum** statt. Schwertkämpfer, Musikanten, Gaukler und Feuerspucker sind neben Bettlern und Hexen auf der Burg anzutreffen. Besucher haben Gelegenheit, dem Korbflechter über die Schulter zu sehen oder den Lederer bei seiner Arbeit zu beobachten. Auch gibt es eine mittelalterliche Münzpräge, in der Münzen hergestellt werden, die als Andenken an den Markt mit nach Hause genommen werden können.

Kleine Ritter auf der Burg

9 Burg Hohenzollern

Prachtvolle Schlosserkundung

Prächtig ragt die Burg Hohenzollern auf dem Zollernberg empor. Die Stammburg des Fürstengeschlechts und deutschen Kaiserhauses der Hohenzollern besteht aus den Befestigungsanlagen, dem Schlossgebäude, den Kapellen und dem Burggarten. Als Wahrzeichen der Zollernalb lockt sie zu jeder Jahreszeit eine Vielzahl von Besuchern an.

Die Burg Hohenzollern

Der Besuch der Burg Hohenzollern ist ebenso interessant für Erwachsene wie auch für Kinder. Vom Parkplatz aus gelangt man in ca. 30 Minuten zum Burgtor. Jetzt bietet es sich an, die Kasematten und den **Geheimgang** zu inspizieren. Letzteres ist natürlich für Kinder Abenteuer pur.

■ **Anfahrt:** Auto: Über die A 81 Stuttgart–Singen, Ausfahrt Empfingen, dann auf der B 463 in Richtung Balingen und über die B 27 nach Hechingen, Ausfahrt Hechingen Süd (Burg Hohenzollern angeschrieben). Öffentliche Verkehrsmittel: Vom Bahnhof Hechingen mit dem Bus zur Burg Hohenzollern.

■ **Öffnungszeiten:** 1. November bis 15. März 10–16.30 Uhr, 16. März bis 31. Oktober 10–17.30 Uhr (die Burg ist am 24. Dezember den ganzen Tag geschlossen, am 31. Dezember ist von 10–15 Uhr und am 1. Januar von 11–16.30 Uhr geöffnet)

■ **Preise:** Burganlage ohne Schlossräume Erwachsene 5 Euro, Kinder 4 Euro; Burganlage mit Schlossräumen Erwachsene 10 Euro, Kinder 6–17 Jahre 5 Euro, Familien (2 Erwachsene + 4 Kids) 25 Euro

■ **Altersempfehlung:** Ab 6 Jahren

■ **Information:** Burg Hohenzollern GbR, Information Burg Hohenzollern, 72379 Burg Hohenzollern, Tel. 07471/24 28, www.burg-hohenzollern.de

■ **Einkehr:** Burg-Restaurant (Januar bis März geschlossen) und Burg-Biergarten (Sommer)

Im Rahmen einer **Führung** können auch die Schlossräume besichtigt werden. Dort bietet sich eine Pracht, die man nicht so schnell vergisst. Der Führer erzählt in jedem Schau- und Prunkraum Wissenswertes zur Geschichte der Burg und interessante Anekdoten über die Majestäten und Hoheiten. In der Schatzkammer wird es dann richtig spannend. Sichtbar beeindruckt sehen sich die Erkunder die vielen wertvollen kunsthistorischen Gegenstände an. Unter ihnen befinden sich kostbares Tafelsilber und Porzellan, die Tabaksdosen Friedrichs des Großen, sein Uniformrock mit dem berühmten Einschussloch und das wunderschöne Hofkleid der Königin Luise von Preußen. Die preußische Königskrone darf danach ebenso bewundert werden. Insgesamt dauert die Hohenzollernführung 45 Minuten und findet ständig zu den regulären Öffnungszeiten statt.

Für Kinder werden auf der Burg Hohenzollern ganz eigene **Kinderführungen** z. B. im Rahmen eines Kindergeburtstages veranstaltet. Unter dem Motto »Cool – ein König« treffen sich die Kinder im Alter von vier bis zwölf Jahren nach vorheriger Buchung unter der Tel. 07471/24 28, an der Kanone im Burghof. Die mindestens 15 Personen (inkl. Erwachsene) erfahren, wer Friedrich der Große oder die Weiße Frau waren. Außerdem erfahren sie, was einst das Leben und das Arbeiten auf der Burg ausmachte. Sie besuchen königliche Festsäle und Privatgemächer, Waffenraum und Schatzkammer und bestaunen Gemälde und andere Kostbarkeiten.

Jeweils am Samstag, Sonntag und an Feiertagen (außer an den Tagen des Königlichen Flanierens) finden Familienführungen statt. Die Termine sind um 11.30 Uhr – hier ist eine telefonische Anmeldung unter 07471/24 28 erforderlich – und um 15.30 Uhr. Diese Führung findet nur nach persönlicher Anmeldung vor Ort an der Information im Burghof statt. Geeignet ist die Familienführung für Kinder im Alter von fünf bis zehn Jahren. In der Führung lauschen die Familien Geschichten über die Hohenzollern, während sie die prächtigen Innenräume besuchen.

Tipp

Mit dem Pendelbus geht es gemütlich zur Burg. Vom Parkplatz fährt der Pendelbus während der Sommersaison (16. März bis 31. Oktober) täglich von 10–18.30 Uhr. In der Wintersaison verkehrt der Bus am Wochenende und an Feiertagen sowie in der Ferienzeit (Baden-Württemberg) jeweils von 10–17.30 Uhr. Die einfache Fahrt kostet für Erwachsene 1,90 Euro und für Kinder 0,90 Euro, die Hin- und Rückfahrt für Erwachsene 2,90 Euro und für Kinder 1,45 Euro.

10 Naturerlebnisse in Münsingen

Spiel- und Naturerfahrungen

Der Walderlebnispfad und der Spielplatz an der Lauter in Butten-hausen sind kein Spielplatz oder Lehrpfad im herkömmlichen Sinn. Die Anlagen wurden errichtet für Kinder, die sich bewegen und ihren Wissensdrang stillen möchten. Die Themen Wald und Wasser werden dabei ausgiebig behandelt.

Die einzelnen Herausforderungen lassen die Kinder zu wagemutigen Ent-deckern werden. Wer errät wohl als Erster die geheimnisvollen Inhalte der Fühlkästen? Wer springt auf dem Weidentrampolin am weitesten nach oben? Und wer wagt es, auf dem Spinnennetz zu klettern? Das alles kön-nen Fragen sein, die bei den Anlagen ganz schnell beantwortet werden.

Hinter der Schäferei Stotz zwischen Münsingen und Apfelstetten befin-det sich ein alter Baum. Hier gilt es, sein Alter zu schätzen. Wer dann noch richtig bei der Größe liegt, kann auf sich stolz sein. Diese Station wie auch der Spechtbaum und die Fühlkästen, in denen typische Waldmaterialien liegen, gehören zu den **Naturerlebnisstationen Wald**. Damit die Naturerlebnisstationen auch gleich erkannt werden, sind sie mit einem blauen Ringbuch als Symbol gekennzeichnet.

Am südlichen Ortsausgang von Buttenhausen liegt der Spielplatz an der Lauter. Direkt am **Lau-tertalradweg** in Richtung Hundersingen pro-bieren die Jungen und Mädchen das Weiden-trampolin aus. Das Weidehaus regt die Kids ebenfalls zu aufregenden Spielmöglichkeiten an. Was das Leben eines Frosches auszeichnet oder was hinter dem Wort Renaturierung im Zu-sammenhang mit der Lauter steckt, sind weitere Themen, die behandelt werden.

■ **Anfahrt:** Auto: Über die B 465 nach Münsingen. Öf-fentliche Verkehrsmittel: Mit der Schwäbischen Alb-Bahn zum Bahnhof Münsingen.

■ **Öffnungszeiten:** Januar bis Dezember stets frei zu-gänglich

■ **Altersempfehlung:** Ab 0 Jahren

■ **Information:** Naturerleb-nis-Stationen Wald-Feld-Was-ser, 72525 Münsingen, Tel. 07381/18 21 44, www.muensingen.de

SAB Dampfzug im Lautertal

Ebenfalls um das Thema Natur geht es im **Biosphärenzentrum Schwäbische Alb** in der Hauptstraße 318 in Münsingen (geöffnet November bis März 11–17 Uhr, April bis Oktober 10–18 Uhr, Eintritt Erwachsene 4 Euro, Kinder 7–15 Jahre 3 Euro). Auf einer Ausstellungsfläche von 450 Quadratmetern werden die kleinen und großen Besucher mit den Besonderheiten der Region vertraut gemacht. Sie erfahren etwas von besonderen Tieren, Landschaftsräumen und Pflanzen. Gemeinsam hören sie, was echte Älbler über die Bewohner des Albvorlandes sagen, und beschäftigen sich mit Themen wie Albgetreide und Viehzucht. »Warum wird eine Schneckenzucht betrieben?« und »Welche Bedeutung hat der Truppenübungsplatz Münsingen?« sind weitere Fragen, die bei einem Besuch beantwortet werden. Für die Entspannung zwischendurch gibt es Laub, in das man sich wie ein Igel so richtig hineinkuscheln kann. Oder vielleicht doch besser dem Rotmilan beim Fliegen zusehen?

Tipp

Einen sehr schönen Spielplatz im herkömmlichen Sinn gibt es im Landschaftspark Parksiedlung. Der 1800 Quadratmeter große Spielbereich hält für Kinder jeder Altersklasse genügend Attraktionen bereit. Zelthaus, Schaukel, Federwippen, Wasserspielanlage oder Bachlandschaft und Tarzanbrücke sind nur einige Beispiele.

11 Bobbahn Donnstetten

Rasante Fahrten

Ein rasantes Fahrvergnügen bietet die Ganzjahresbobbahn Donnstetten. Die vielen Steilkurven und Wellen fördern das Magenkribbeln eines jeden Fahrgastes. Aber ist man mit dem Geschwindigkeitsrausch erst einmal vertraut geworden, gibt es kaum noch ein Entrinnen.

1160 Meter beträgt die Bahnlänge der Bobbahn Donnstetten. Die Ganzjahresbobbahn zeichnet sich durch abenteuerliche Steilkurven und Wellen aus. In ihrem **Komfortschlitten** mit Rückenlehne genießen die Fahrgäste die Fahrt. Um die Sicherheit braucht sich hier keiner Sorgen machen. Die Schlitten fahren auf spurgeführten Edelstahlrohren und sind somit völlig entgleisungssicher.

■ **Anfahrt:** Auto: Direkt an der B 465.
■ **Öffnungszeiten:** April bis Oktober Mi–Fr 13–18 Uhr, Sa, So 10–18 Uhr, November bis März Sa und So auf Anfrage unter Tel. 07382/609
■ **Preise:** Einzelfahrt Erwachsene 2,50 Euro, Kinder 2 Euro; Sechs Fahrten Erwachsene 12,50 Euro, Sechs Fahrten Kinder 10 Euro; Bungeetrampolin Erwachsene 4 Euro, Kinder 3,50 Euro
■ **Information:** Bobbahn Donnstetten, Böhringer Straße 12, 72587 Römerstein, Tel. 07382/609, www.bobbahn-donnstetten.de
■ **Einkehr:** Imbiss mit Terrasse an der Bobbahn

Die Geschwindigkeit kann man während der Fahrt bei Bedarf selbst drosseln. Maximal kann auf der Bobbahn Donnstetten allerdings mit **40 km/h** gefahren werden. Dabei überwinden die Schlitten mit ihren Passagieren einen Höhenunterschied von 50 Metern bei einem Gefälle von sieben bis zehn Prozent.

Gerade Kinder sind sehr begeistert von einer Fahrt auf der Bobbahn. Während sie sich an dem schnellen Fahrgefühl erfreuen, genießen die Erwachsenen den tollen Ausblick. Nach der Fahrt sind viele Familienmitglieder so begeistert, dass sie gleich eine erneute Fahrt wagen.

Wer eine Pause einlegen möchte, der hat die Möglichkeit die Terrasse an der Talstation zu besuchen. Hier kann man sich mit Kaffee und Snacks stärken. In direkter Nähe gibt es eine **Spielwiese**, auf der die Kinder ungestört toben. Fröhlich sausen sie von der Rutsche, testen das

Die Bobbahn in Römerstein

Federtier und schaukeln in luftige Höhen. Ein großes Kletterelement zieht ebenfalls magisch an, immer wieder werden neue Klettermöglichkeiten ausprobiert. Ein absolutes Highlight ist das Bungeetrampolin, auf dem die Kinder mit viel Energie wie angehende Profis springen.

Neben der Bobbahn Donnstetten befindet sich der **Skilift Donnstetten**. Wenn im Winter Frau Holle sehr fleißig war, können die Skifans mit und ohne Flutlicht den Berg hinabzischen. Wenn es an Schnee mangelt sorgt eine Kunstschneebeschneiungsanlage für den Fahrspaß. Insgesamt stehen den Skifahrern vier Lifte zur Verfügung. Die 365 Meter lange Piste zeichnet sich durch einen Höhenunterschied von 54 Metern aus. Der Ski- und Snowboard-Verein Wernau veranstaltet regelmäßig Ski- und Snowboardkurse, in denen Anfängern und Fortgeschrittenen die richtige Technik vermittelt wird. Neben Gruppenkursen werden auch reine Privatkurse durchgeführt. Fragen zu den Kursen werden ausführlich unter Tel. 0157/87 46 51 95 oder 0157/87 46 51 98 beantwortet.

Tipp

Mit einem ca. 30-minütigen Fußmarsch ist der begehbare Römersteinturm zu erreichen. Von dem 28 Meter hohen Turm haben die Besucher einen schönen Blick bis zum Lautertal und zum Albvorland. Spielgeräte wie auch Grillhütten sind vor dem Turm zu finden. Der Turm ist an Wochenenden und Feiertagen in der warmen Jahreszeit geöffnet.

12 Familienpark Westerheim

Spaß und Action

Im Familienpark Westerheim amüsieren sich sowohl Kinder als auch Erwachsene. Der Freizeitpark direkt in der Nähe des Luftkurortes Westerheim ermöglicht viele Aktivitäten. Geöffnet hat der Park von Ostern bis Ende Oktober.

Der Familienpark Westerheim hat ein weit gefächertes Angebot. Über 100 Tiere begrüßen täglich während der Saison die kleinen und großen Besucher. Darunter befinden sich Kamele, Strauße, Ponys und Pfaue, die ihre ganze Farbenpracht zeigen. Aber auch Watussi-Rinder sind unter den Bewohnern des **Zoos** zu entdecken. Sehr beliebt bei den Kindern ist der Streichelzoo, in dem sie ihren Lieblingen wie den Meerschweinchen oder auch Hasen näher kommen. Liebevoll streicheln sie ihnen das Fell und spielen mit den Vierbeinern.

Im **Museumsgarten** können die Parkbesucher historische Werkzeuge, Gerätschaften und Kutschen bewundern. Darunter befinden sich z. B. Leiterwagen, alte Traktoren, Fässer und sogar eine alte Dieselzapfsäule.

Mitten durch den Tierpark führt die **Safari-Bobbahn**. Den Aufstieg meistern die Abenteurer ganz gemächlich mit einem Lift. Mit einer Höchstgeschwindigkeit von 60 km/h sausen die Eltern und Kinder auf der Sommerrodelbahn hinab. Einer- oder Zweierbobs stehen ihnen dafür zur Verfügung. Falls es doch jemandem zu schnell geht – die Geschwindigkeit kann auf der 500 Meter langen Strecke auch gedrosselt werden. Mehrere Steilkurven sorgen für gehörigen Nervenkitzel.

■ **Anfahrt:** Auto: Über die A 8, Anschlussstellen 59 (Mühlhausen), 60 (Hohenstadt), 61 (Merklingen). An der Schwäbischen Albstraße am Ortsausgang vom Luftkurort Westerheim. Öffentliche Verkehrsmittel: Mit dem Bus nach Westerheim.

■ **Öffnungszeiten:** April bis Oktober 10–20 Uhr; bei schlechtem Wetter hat die Sommerbobbahn geschlossen

■ **Preise:** Tierpark pro Person 1 Euro (exklusive Fahrgeschäfte); Bobbahn Erwachsene 2 Euro, Kinder 1,50 Euro, Zweier-Bob 3 Euro

■ **Information:** Familienpark, Donnstetter Straße, 72589 Westerheim, Tel. 07333/49 90, www.familienpark-westerheim.de

■ **Einkehr:** Im Familienpark

Abenteuerliche Rutschmanöver

Überwältigend ist das **Funland** im Freizeitpark Westerheim. Hier gibt es eine Menge zu entdecken. Die Kinder können sich kaum entscheiden, was sie als Erstes ausprobieren sollen. Es gibt eine Vielzahl von Hüpfburgen zu erobern. Kleine und große, hohe und niedrige Kletterburgen verführen zum Ausprobieren. Mit den Powerpaddlern geht es auf das Wasser. Zusammen mit Mama oder Papa erobern sie den kleinen Teich. Danach geht es auch gleich zum Karussell und zur Eisenbahn. Zusammen mit ihren neuen Freunden probieren sie auch die Schiffschaukel aus. Die Großen können in der Zeit ihre Kräfte bei Hau den Lukas unter Beweis stellen.

Im historischen **Bauern- und Handwerkerbiergarten** stärken sich Eltern und Kinder. Gemeinsam gönnen sie sich eine Pause und lassen sich leckere Speisen und Getränke schmecken.

Für ganz aktive Familien gibt es noch weitere Möglichkeiten sich zu betätigen. So bieten sich **Wanderungen** u. a. auch zur Schertelshöhle an. Die Tropfsteinhöhle gehört zu den schönsten Schauhöhlen und kann im Rahmen einer 25-minütigen Führung erkundet werden. Die Höhle hat ganzjährig geöffnet. Genaue Informationen gibt es unter www.schertelshoehle.de.

Tipp
Jedes Jahr findet im Familienpark Westerheim ein Oldtimertreff statt. Fans können ausgiebig historische Autos, Motorräder und Traktoren bewundern.

13 Kletterwald Laichingen

Mit Geschick in die Höhe

Ihre Geschicklichkeit und eine gute Portion Mut stellen Familien im Kletterwald Laichingen unter Beweis. Umgeben von viel Grün in der Nähe der Tiefenhöhle Laichingen finden sie den Kletterwald. Über 174 Kletterelemente können erobert werden.

Das Sporteln im Kletterwald in Laichingen lässt die Zeit schnell vergehen. Über 174 Kletterelemente fordern Kinder und Eltern heraus. Bevor sie aber im Kletterwald die Hürden nehmen dürfen, ist eine Sicherheits-Einweisung nötig. So werden die Besucher mit der Handhabung der professionellen Klettergurte mit Karabinerhaken und Seilen vertraut gemacht.

Nach der Einweisung dürfen die Besucher etwa 2,5 Stunden klettern. Die richtige Bekleidung im Kletterwald ist wichtig. Legere Kleidung und festes Schuhwerk sind empfehlenswert. Für Kinder ist das Tragen eines Helmes angeraten – allerdings gibt es keine Helmpflicht.

Unter den vielen Kletterelementen gibt es **Parcours für Kinder**, die schon für ein Alter von fünf bis sieben Jahren geeignet sind. In einer Höhe bis zu

---

■ **Anfahrt:** Auto: Von München/Ulm an der Autobahnausfahrt Merklingen Richtung Laichingen Tiefenhöhle. Von Stuttgart über die Behelfsausfahrt nach dem Lämmerbuckel-Tunnel nach Hohenstadt und weiter nach Laichingen. Im Kreisverkehr Richtung Tiefenhöhle.

■ **Öffnungszeiten:** 17. März bis 1. April Sa, So 11–14 Uhr, 2. bis 27. April täglich 10–16 Uhr, 28. April bis 9. September täglich 9–17 Uhr, 10. September bis 7. Oktober täglich 10–16 Uhr, 8. bis 27. Oktober Di, Do–So 10–14 Uhr, 28. Oktober bis 4. November täglich 10–14 Uhr, ab 5. November Sa, So nach Voranmeldung

■ **Preise:** Erwachsene 20 Euro, Kinder 8–15 Jahre 14 Euro, Kinder 5–7 Jahre 9 Euro

■ **Information:** Kletterwald Laichingen, Am Mehldorn 5, 89150 Laichingen, Tel. 07333/95 00 10, www.kletterwald-laichingen.de

■ **Einkehr:** Im Biergarten des Kletterwaldes

2,5 Meter können sie sich hier bewegen. Der Spaßfaktor kommt dabei nicht zu kurz.

Die grünen Parcours sind für Kinder und Jugendliche ab einer Körpergröße von 1,35 m geeignet. Hier geht es noch ein wenig höher, bis zu sieben Meter Höhe können erobert werden. 1,40 m große Kinder bzw. vorwiegend Erwachsene probieren den blauen Parcours aus. Ab einem Alter von 16 Jahren kann sogar der schwarze Parcours erprobt werden.

Die **abwechslungsreichen Kletterelemente** lassen keine Langeweile aufkommen. Mit dem Fahrrad über die Hängebrücke, wie Tarzan am Seil oder auf einem Brett rollend von Plattform zu Plattform – interessante Aufgaben stellen sich den Besuchern. Je höher die Kletterer kommen, umso schwieriger werden die Hürden, die sich ihnen in den Weg stellen.

Zwischendurch oder im Anschluss können sich die Eltern und Kinder im **Biergarten** des Kletterwaldes Laichingen stärken. Scharfe Wurst, Rote Wurst oder auch Weißwurst mit Brezel stehen auf der Karte. Dazu gibt es für Kinder Schorle oder Mineralwasser, während der Papa sich an einem Bier oder Radler gütlich tut.

Wie Tarzan im Urwald

Ein besonderes Angebot im Kletterwald Laichingen ist das **Nachtklettern**. Nach einer Einweisung am Tag klettern die Eltern und Kinder nach Einbruch der Dunkelheit. Zwei Stunden können sie sich im Kletterwald betätigen. Eine Stirnlampe sorgt dafür, dass sie noch genügend Licht haben, um nicht vom Wege abzukommen. Für das Nachtklettern ist eine verbindliche Anmeldung nötig, da die Teilnehmerzahl begrenzt ist. Die Kosten betragen 25 Euro pro Teilnehmer.

Tipp

Erwachsene, die selber nicht klettern, sondern ihre Kids nur begleiten, haben freien Eintritt. Kindergeburtstage finden ebenfalls im Kletterwald statt. Der Eintritt ist für das Geburtstagskind frei, wenn es fünf Gäste mitbringt, die den regulären Preis zahlen.

14 Wildpflanzenpark Unterkirnach

Mit allen Sinnen

Bedrohte Tier- und Pflanzenarten lassen sich im Wildpflanzenpark Unterkirnach entdecken. In modellhaften Miniaturlandschaften eingebettet, laden die Pflanzen zum Riechen und Befühlen ein. Ein Spaziergang ist vor allem von April bis September ein lohnenswertes Erlebnis.

Hauptsächlich Wildpflanzen der Umgebung, aus Schwarzwald und Baar, wachsen im Wildpflanzenpark Unterkirnach. Während eines Spaziergangs durch die Anlage, die wohl nicht so schnell ein zweites Mal in Baden-Württemberg zu finden ist, können die Besucher ihr Wissen über die Pflanzenwelt erweitern. Außerdem erhalten sie Anregungen für den eigenen Garten und machen sich mit der Naturgartenidee vertraut. Der Wildpflanzenpark ist nicht nur eine Grünanlage, sondern auch ein außergewöhnlicher Lehrpfad. Auf die Beschilderung im Park wurde großer Wert gelegt. Die verständlichen Informationen vermitteln den Lesern leicht das Hintergrundwissen.

Anfahrt: Auto: Von Villingen über die L173 nach Unterkirnach, Hauptstraße. Öffentliche Verkehrsmittel: Mit dem Bus 61 oder mit dem Zwei-Täler-Rufbus von Villingen nach Unterkirnach.

Öffnungszeiten: Januar bis Dezember

Preise: Frei zugänglich

Information: Tourist-Information Unterkirnach, Hauptstraße 5, 78089 Unterkirnach, Tel. 07721/80 08 37, www.unterkirnach.de

Einkehr: Rössle-Post, Hauptstraße 16, 78089 Unterkirnach

3000 Tonnen Schotter- und Gesteinsmaterial wurden im Wildpflanzenpark aufgeschüttet. Liebevoll wurden Hügel, Wasserläufe und Tümpel gestaltet, wo heute die kleinen und großen Besucher gern verweilen. So manches Blümchen lädt zum Riechen und Befühlen ein.

Insgesamt misst der Wildpflanzenpark Unterkirnach etwa zwei Hektar. Die modellhaften Miniaturlandschaften laden zum Entspannen ein. Eltern und Kinder können hier Landschaften entdecken, in denen sich die Gesteine, Böden

Blühende Verzauberung

und Pflanzen abwechseln. So entdecken die Besucher Parkabschnitte mit Granit, Kalk, Buntsandstein und Hochmoor. In jedem Bereich gibt es Trocken- und Feuchtstandorte. Ein Schotter- bzw. Kieshang und ein sich aufbauender Mischwald sind außerdem angelegt.

Auch zwei Informationspavillons können im Wildpflanzenpark aufgesucht werden. Schautafeln vermitteln Informationen zum Park und über geologische Verhältnisse von Schwarzwald und Schwäbischer Alb. Zudem erhalten die Besucher interessante Fakten zu den Wechselwirkungen in einem Ökosystem.

Ebenfalls für Freunde der Pflanzen ein spannender Ort ist der **Heilkräutergarten** bei der Kirnachmühle. In der kleinen Gartenanlage finden die Besucher bekannte und auch unbekannte Kräutlein, wie sie in der Küche zum Würzen verwendet werden oder auch gegen ein bestimmtes körperliches oder seelisches Leiden. Durch Reiben der Blätter oder auch durch einfaches Riechen entfaltet sich der Duft der Pflanze. Wer den Namen des Pflänzchens nicht sofort errät, der sieht einfach auf das Schild, das bei jedem Strauch oder Busch angebracht wurde. Außerdem gibt eine Informationstafel Auskunft über jede Pflanze und ihre Nutzung in der Volksmedizin.

Tipp

Wer schon einmal Unterkirnach besucht, für den bietet sich ein Abstecher zum Mühlenweiher mit der Kneippanlage an. Gerade nach einem längeren Spaziergang ist das Wassertreten im frischen Quellwasser sehr erquicklich.

15 Freizeitpark Traumland

Mit dem Oldtimer zum Märchenschloss

Viele Abenteuer erleben die Besucher im Freizeitpark Traumland. Ein Märchenland, actionreiche Fahrattraktionen, ein Extrabereich für die Jüngsten sowie zahlreiche Tiere bereichern den Park. Für das leibliche Wohl ist ebenfalls gesorgt.

Der Freizeitpark Traumland befindet sich direkt neben der Bärenhöhle, die eine der bekanntesten Schauhöhlen Deutschlands ist. Bereits 1974 öffnete der Freizeitpark seine Pforten für die Besucher.

■ **Anfahrt:** Auto: Über die B 312, A 8 oder B 32 nach Sonnenbühl. Dann den Hinweisschildern zur Bärenhöhle folgen. Öffentliche Verkehrsmittel: Sonntags und feiertags mit Bus Linie 400 und dem Fahrradbus Linie 5.

■ **Öffnungszeiten:** April bis Mitte September 9.30–18 Uhr, September bis Oktober 9.30–17 Uhr

■ **Preise:** Eltern und Kinder ab 12 Jahren 9,50 Euro, Kinder 3–11 Jahre 8,50 Euro, Kinder unter 3 Jahren frei; Kindertag (Fr) pro Erwachsenem ein Kind frei

■ **Information:** Freizeitpark Traumland, 72820 Sonnenbühl (Erpfingen), Tel. 07128/21 59, www.freizeitpark-traumland.de

■ **Einkehr:** Im Freizeitpark

Für kleine Kinder ein regelrechter Anziehungspunkt ist der **Märchenwald**. Hier treffen sie auf alte Bekannte wie Rotkäppchen, Hänsel und Gretel oder auch Dornröschen. Gemeinsam mit ihren Eltern bestaunen die Jungen und Mädchen die Szenen. Die Märchenfiguren bewegen sich und so manche Stimme erklingt. In einem lustigen Ratespiel wird das dargestellte Märchen erraten und die Kinder freuen sich immer wieder über einen richtigen Treffer.

An Fahrattraktionen mangelt es im Freizeitpark Traumland ebenfalls nicht. Mit dem Oldtimer besuchen die Kleinen den Dschungel oder auch das **Märchenschloss**. Hoch hinaus geht es dagegen mit dem Riesenrad. Aus einer Höhe von 35 Metern winken die Fahrgäste anderen Besuchern des Freizeitparkes zu. Außerdem kann man von hier oben die Landschaft bewundern und bei gutem Wetter bis zu den Alpen sehen.

Neben der **Traumland-Eisenbahn** gibt es eine Raupenbahn, in die ebenfalls gern eingestiegen wird. Zukünftige Cowboys trainieren ihre Reitkünste beim Ponyreiten und stellen ihren Mut

Ponyliebe im Traumland

am Jumping Tower unter Beweis. Einfach nur Spaß haben die Kids beim Trampolinspringen. Mit leuchtenden Augen springen sie so hoch, wie sie nur können. Schaukeln und rutschen ist auf dem Spielplatz möglich, während es im verhexten Schloss magisch wird. Die Allerkleinsten erkunden dagegen den **Babyspielplatz** mit der Mini-Hüpfburg und dem Mini-Ball-haus.

Im Freizeitpark Traumland begegnen den Familien nicht nur Zweibeiner. Ponys, Hasen und auch Zwergziegen sind auf dem Gelände zuhause. Die Ziegen dürfen sogar gefüttert werden, geeignetes Futter gibt es am Süßwarenstand.

Leckeres für die kleinen und großen Besucher kann am **Imbiss** erworben werden. Mit einem Hamburger oder einem Crêpe im Bauch erkunden die Familien weiter den Freizeitpark. Des Weiteren gibt es zwei Grillplätze, wo das mitgebrachte Würstchen oder Steak an der offenen Feuerstelle gebrutzelt werden kann.

Wer an einem netten Andenken interessiert ist, der besucht die Fotostube. Porträts und Gruppenfotos auf dem Planwagen und im Oldtimer oder auch Familienfotos im Westernstil sind eine tolle Erinnerung an den Tag.

> **Tipp**
> Die Kindergeburtstagsfeiern im Traumland sind ein Hit. Zwischen zwei Varianten können sich die Familien entscheiden. Spannende Stunden mit den Fahrattraktionen, gemeinsames Feiern in der Geburtstagshütte, grillen am Grillplatz oder auch ein leckeres Menü genießen – die Langeweile lässt lange auf sich warten.

16 Härtsfeld-Museumsbahn

Tolle Fahrt mit Schättere

Jeden ersten Sonntag im Monat von Mai bis Oktober fährt die Härts- feldbahn ihre Fahrgäste von der Sägmühle über Steinmühle nach Neresheim und wieder zurück. Die Bahn, die auch Schättere genannt wird, war von 1901 bis 1972 in Betrieb. Von Aalen aus fuhr sie 55,5, Kilometer bis nach Dillingen.

1985 wurde der Härtsfeld-Museumsbahn e. V. gegründet, der nur das eine Ziel verfolgte, die Härtsfeldbahn als Museumsbahn in Betrieb zu nehmen. Schon kurze Zeit später entstand das Härtsfeldbahn-Museum im Neres- heimer Bahnhof. In der ehemaligen Wohnung des Bahnverwalters im ers- ten Stock des Gebäudes können Eltern und Kinder Urkunden, Schilder und Uniformen begutachten. Besonders interessant ist der **Arbeitsplatz eines Bahnagenten,** der originalgetreu präsentiert wird. Natürlich erhal- ten die Besucher auch einen Einblick in die Geschichte der Bahn.

■ **Anfahrt:** Auto: B 29 bis Aalen/Unterkochen oder A 7 Würzburg–Ulm, Ausfahrt Aalen-Oberkochen. Öffentli- che Verkehrsmittel: Mit dem Bus von Bahnhof Aalen, Bus- steig 7, zur Haltestelle Post in Neresheim.

■ **Öffnungszeiten:** Mai bis Oktober jeden ersten So und an Feiertagen

■ **Preise:** Erwachsene ab 5 Euro, Kinder ab 3 Euro

■ **Information:** Härtsfeld- bahn, Dischinger Straße 11, 73450 Neresheim, Tel. 07326/57 55, www.hmb-ev.de

In den Vitrinen des Museums stehen Härtsfeld- bahnfahrzeuge in Miniaturausführung. Außer- dem sind Dioramen und Werkzeuge zu sehen. Die Besucher können Signaltafeln und Fotogra- fien sowie ein 1:10-Echtdampf-Modell der Lok 12 bestaunen. Ein Highlight ist die Modellbahn- Anlage im Maßstab 1:22,5 (Spur IIm). Hier dür- fen die Kinder auch mal ganz vorsichtig die Roll- bockgrube ausprobieren.

Nach dem Besuch des kleinen Museums wird es Zeit, die Härtsfeld-Museumsbahn live zu sehen. Zu ausgewählten Terminen in der Saison stellt die Bahn ihre Fahrtüchtigkeit unter Beweis. Die Fahrkarten sollten nach Möglichkeit vor der Fahrt gekauft werden. Der **Fahrkartenschalter** befindet sich im neuen Anbau des Bahnhofes Neresheim.

Sonderfahrt für Ferienkinder

Von Neresheim fährt die Museumsbahn zum Haltepunkt Steinmühle. Hier erhalten die Fahrgäste, die zusteigen, ihre Fahrkarten beim Zugführer. Dann geht es auch schon weiter zum Bahnhof Sägmühle. Ratternd fährt die Dampflok mit dem alten **Holzklasse-Personenwagen** und einem Triebwagenzug im Stil der Fünfzigerjahre durch die Landschaft. Am Bahnhof Sägmühle werden nicht nur mitgenommene Drahtesel und Kinderwagen ausgeladen, sondern auch die Lokomotive umgesetzt. Das ist immer ein Spektakel, welches sich die Kinder ungern entgehen lassen.

Neben den Fahrten an den Regeltagen fährt die Bahn an verschiedenen Feiertagen wie Christi Himmelfahrt, zum Tag des Offenen Denkmals oder zu Pfingsten. Zum Stadtfest in Neresheim zahlen Fahrgäste in historischen Gewändern nur den halben Fahrpreis. In den **Nikolauszügen**, wo die Kinder ein kleines Geschenk vom Nikolaus erhalten, gelten Sonderkonditionen. Für Erwachsene betragen die Kosten 7 Euro und für Kinder 5 Euro.

Tipp

Im Fahrpreis für die Zugfahrt ist der Besuch der Dauerausstellung im Härtsfeldbahn-Museum enthalten. Der Eingang des Museums ist an der Rückseite des Bahnhofes zu finden. Der Eintritt nur für das Museum beträgt für Erwachsene 1,50 Euro und für Kinder 0,50 Euro.

17 Mit dem Stocherkahn auf dem Neckar

Wie einst die Studenten …

Die Stocherkahnfahrten in Tübingen sind sehr beliebt. Wie durch die Kanäle in Venedig treiben die Flachboote in der Universitätsstadt während der warmen Jahreszeit auf dem Neckar. Allerdings kommt das »Punten« aus den englischen Städten Oxford und Cambridge, wo es zu den studentischen Bräuchen zählt.

Der Name Neckar stammt aus der Keltenzeit und bedeutet wildes Wasser. Eine Fahrt mit dem Stocherkahn auf dem Neckar ist nicht nur für die Kleinen amüsant. Bereits seit dem 19. Jahrhundert wird auf dem Neckar gestochert. Was damals allerdings nur ein Vergnügen für Leute war, die einer studentischen Verbindung angehörten, ist heute ein Highlight für jedermann. Ab Mai sind auf dem Fluss etliche Stocherkähne unterwegs. Über 120 Kähne sind in der Stadt zuglassen.

Die Kähne sind zwischen sechs und zwölf Meter lang und bieten Platz für acht bis 20 Fahrgäste. Das Boot aus Hartholz wird alleine durch den Sto-

---

■ **Anfahrt:** Auto: B 27 von Stuttgart bzw. aus südlicher Richtung von Rottweil, Balingen und Hechingen zum Neckar-Parkhaus, Wöhrdstraße 11, Tübingen (Anlegestelle Hölderlinturm). Öffentliche Verkehrsmittel: Mit RE oder ICE von Stuttgart Hauptbahnhof nach Tübingen und weiter zu Fuß zum Hölderlinturm.
Fahrzeiten: Mai bis Oktober
■ **Preise:** Öffentliche Kahnfahrt jeweils Sa, So und in den Feiertagen von Mai bis Oktober durch den Verkehrsverein: Erwachsene 6 Euro, Kinder 3 Euro (Tickets sind nur im Vorverkauf an der Neckarbrücke zu erhalten); die Preise sind je nach privatem Stocherkahnbesitzer unterschiedlich
■ **Information:** Bürger- und Verkehrsverein Tübingen, Tourist & Ticket-Center, An der Neckarbrücke 1, 72072 Tübingen, Tel. 07071/913 60, www.tuebingen-info.de
■ **Einkehr:** Im Biergarten

cherer in Bewegung gebracht. Dieser steht am Ende des Bootes und stößt es mit einer langen Stange, dem Stocher, vom Boden des Flussbettes ab.

Einsteigen ist an den jeweiligen Anlegestellen wie z. B. der Neckarbrücke oder dem Hölderlinturm möglich. Die Fahrtlänge richtet sich nach den Wünschen der Fahrgäste. So wird während einer **klassischen Fahrt** von einer Stunde um die 950 Meter lange Neckarinsel herumgestochert. Etwas gewöhnungsbedürftig ist die Fahrt für manchen Passagier. Die Boote fangen durchaus leicht zu schaukeln an. Gerade Kindern gefällt das besonders, auch wenn bei manchem der Erwachsenen der Magen rebelliert. Aber keine Angst – die Stocherkähne sind reichlich kippsicher.

Zudem werden auch außergewöhnliche Stocherkahnfahrten angeboten. Für Erwachsene ein köstliches Vergnügen ist die Weinprobe, junge Paare buchen gern eine Romantikfahrt, während ganze Firmen auch einmal einen Betriebsausflug auf dem Neckar unternehmen. Für Familien ein tolles Spektakel ist die Grillfahrt oder auch die Lampionfahrt. Wie einst die Studenten lassen sie sich in der Dämmerung auf dem Wasser fahren und genießen die abendliche Atmosphäre.

Jetzt bloß nicht in das Wasser fallen!

Wer großen Gefallen an den Stocherkahnfahrten hat, kann selbst die Stange in die Hand nehmen und ein Stocherkahndiplom erwerben. Bis Oktober hat er nun die Möglichkeit, Touristen und Einheimischen die Schönheiten des Neckars zu zeigen. Kinder haben derweil die Gelegenheit ihren **Kindergeburtstag** auf dem Kahn zu feiern. Ab 140 Euro kostet die Kahnfahrt für 1,5 Stunden. Zu der Pauschale kann zudem eine Schatzsuche gebucht werden.

Im Anschluss an eine Stocherkahnfahrt ist es empfehlenswert in einem der Biergärten in Tübingen einzukehren, um bei einem deftigen regionalen Gericht die Eindrücke der Fahrt zu verarbeiten.

Tipp
Ein besonderes Erlebnis ist jedes Jahr das beliebte Stocherkahnrennen. Jeweils im Juni findet der Wettkampf rund um die Neckarinsel statt.

18 Tierpark Göppingen

Tierbeobachtungen

Mit seiner 1,5 Hektar großen Anlage zählt der Tierpark in Göppingen zu den kleineren Zoos. Bereits im Jahre 1952 gegründet, ist der Tierpark am Rande der Stadt zu finden. Etwa 200 Tiere leben einträchtig nebeneinander auf dem Gelände.

■ **Anfahrt:** Auto: A 8 Ausfahrt Aichelberg oder B 10 nach Göppingen, am Ortsausgang an der B 297 nach Lorch zu den kostenlosen Parkplätzen. Öffentliche Verkehrsmittel: Mit der Bahn nach Göppingen, Bus Linie 4 nach Rotes-Reusch.

■ **Öffnungszeiten:** Täglich ab 10 Uhr (im Sommer bis 19 Uhr, im Winter bis Einbruch der Dunkelheit)

■ **Preise:** April bis Oktober Erwachsene 3,50 Euro, Kinder 3–16 Jahre 1,50 Euro, Familien 9 Euro; November bis März Erwachsene 2,50 Euro, Kinder 1,50 Euro, Familien 9 Euro

■ **Altersempfehlung:** Ab 0 Jahren

■ **Information:** Tierpark Göppingen e. V., Lorcher Straße 99, 73033 Göppingen, Tel. 07161/257 60, http://tierpark-goeppingen.de

■ **Einkehr:** Im Tierpark

Der kleine Tierpark in Göppingen lädt jederzeit zu einem Spaziergang ein. Kinder lernen während eines Besuches die Tiere näher kennen, während die Erwachsenen die Auszeit in der Natur genießen. Unter den über 200 Bewohnern des Zoos befinden sich heimische wie auch exotische Vögel, Reptilien und Säugetiere.

Familien besuchen die Schafe, Ziegen, aber auch Esel. Die Meerschweinchen und die Kaninchen sind absolute Lieblinge der Kinder. Gerade in dem **Streichelgehege** kommt der Nachwuchs den Tieren ganz nah. Liebevoll streicheln sie das Fell der Tierchen und verlieren so eventuelle Ängste. Einige Tierarten dürfen sogar gefüttert werden. Vorsichtig nehmen sie das ihnen dargebotene Futter aus den kleinen Händen der Kinder auf. Zu allerlei Faxen aufgelegt sind die Affen wie Kapuzineraffen, Javaneraffen oder Mantelpaviane, die es ebenfalls hervorragend schaffen, das Interesse auf sich zu ziehen. Fröhlich stehen die kleinen Besucher vor den Gehegen und erfreuen sich an den Späßen.

Sehr beliebt aufgrund ihrer herrlichen Farben sind die **Flamingos**. Stolz stehen sie im Grünen und zeigen ihre fantastische Farbenpracht. Die Sittiche, Papageien und Kanarienvögel geizen

Sind die kleinen Mungos nicht süß?

ebenfalls nicht mit ihrer Schönheit und zeigen lustig zwitschernd ihr buntes Federkleid. Hier lohnt es sich auch durchaus den Fotoapparat mitzunehmen, um das ein oder andere Erinnerungsfoto zu schießen.

Beeindruckt sehen sich die Spaziergänger die **Raubkatzen** an, bevor sie die Alpakas, Dromedare, Guanakos und Lamas entdecken. Im Anschluss an die Tierbeobachtungen können sich die Jungen und Mädchen auf dem **Spielplatz** des Tierparks austoben.

In der **Tierparkgaststätte** stärken sich Eltern und Kinder. Von März bis Oktober jeweils Di–So 10–19 Uhr und November bis Februar jeweils Di–So 12–18 Uhr lassen sich die Gäste Eis, Getränke und Kaffee oder Tee schmecken. Je nach Saison wird zudem eine deftige Brotzeit und im Sommer Kuchen auf der Terrasse angeboten.

Jedes Jahr findet im Tierpark ein **Sommerfest** statt. Schmackhaftes für den kleinen und großen Appetit sowie Aktionen für Kinder stehen auf dem Programm. Übrigens können die eigenen Vierbeiner an einer Leine in den Tierpark mitgebracht werden. Allerdings sollten die Herrchen und Frauchen die Hunde an die kurze Leine nehmen.

19 HöhlenErlebnisWelt Giengen

Sehen, Hören und Staunen

Faszinierende Einblicke in die Geologie, Vegetation und Tierwelt der Alb bietet die HöhlenErlebnisWelt Giengen. Neben der Charlottenhöhle stehen das HöhlenSchauLand und das HöhlenHaus für Erkundungen bereit. Im HöhlenHaus ist zudem eine GeoPark-Infostelle eingerichtet.

Wer Giengen besucht, kommt an der Charlottenhöhle nicht vorbei. Die Tropfsteinhöhle ist mit einer Länge von 587 Metern eine der längsten **Schauhöhlen** im Süden Deutschlands. Beim Besuch der 9 °C kalten Höhle ist warme Kleidung und festes Schuhwerk angeraten. Einst lebten in der Höhle Bären. Sie hinterließen Stellen, die sich durch glatte Felsflächen auszeichnen. Durch die Beleuchtung der Höhle kommen nicht nur die Tropfsteine gut zur Geltung, sondern sie lässt die Vergangenheit der Bären spürbar werden. Die Charlottenhöhle kann von April bis Oktober montags bis samstags 9–11.30 Uhr und 13.30–16.30 Uhr erkundet werden. An den Sonn- und Feiertagen ist die Höhle von 9–16.30 Uhr begehbar.

■ **Anfahrt:** Auto: Über die A 7 Würzburg–Ulm, Abfahrt Giengen/Herbrechtingen oder auf der A 8 Stuttgart–München beim Autobahnkreuz Ulm/Elchingen auf die A 7 Richtung Würzburg, Abfahrt Giengen/Herbrechtingen. Öffentliche Verkehrsmittel: Vom Bahnhof Giengen an der Brenz mit dem Wanderbus Lonetal von Mai bis Oktober an Sonn- und Feiertagen zur HöhlenErlebnisWelt.
■ **Öffnungszeiten:** Januar bis Dezember
■ **Preise:** Erlebniskarte Höhle und HöhlenSchauLand Erwachsene 7 Euro, Kinder 5 Euro, Familien 19 Euro; Charlottenhöhle Erwachsene 4 Euro, Kinder 5 Euro, Familien 10 Euro; HöhlenSchauLand Erwachsene 5 Euro, Kinder 3,50, Familien 14 Euro
■ **Altersempfehlung:** Ab 3 Jahren
■ **Information:** Höhlen- und Heimatverein Giengen-Hürben e. V., Lonetalstraße 61, 89537 Giengen-Hürben, Tel. 07324/98 71 46, www.giengen.de
■ **Einkehr:** Grillplätze und gastronomische Einrichtung in der HöhlenErlebnisWelt

Im **HöhlenHaus** können sich die Besucher über die Entstehung der Höhle informieren. Hier erfahren sie, dass die Höhle nach der Königin Charlotte von Württemberg benannt wurde, und wann sie entdeckt wurde. Ein 16 Meter langes Wandbild der Nattheimer Künstlerin Ulrike Weber ist ein besonderes Ausstellungsstück. Neandertaler, Höhlenlöwen, Saurier und Meteoriten sind auf ihm zu erkennen. Anfassen und Ausprobieren ist in der Ausstellung erlaubt. Exponate und Spiele laden die Kinder ein, sich aktiv zu betätigen.

Beeindruckende Höhlenwelten

Darüber hinaus gibt es ein Modell der Höhle und Repliken der spektakulärsten Funde im Lonetal zu sehen. Welche Bedeutung der GeoPark hat und Hintergründe über die HöhlenErlebnisWelt lassen sich mithilfe eines Computers ergründen. Außerhalb des HöhlenHauses befindet sich ein **großer Abenteuerspielplatz**, auf dem die Mädchen und Jungen herumtollen. Der Eintritt in das HöhlenHaus ist frei. Es hat von April bis Oktober täglich 9–19 Uhr und im November bis März jeweils Mi–Sa 14–18 Uhr, So, Feiertag 10–18 Uhr geöffnet. In den Ferienzeiten von Baden-Württemberg öffnet das HöhlenHaus tägliche seine Tür.

Das **Erlebnismuseum HöhlenSchauLand** animiert mit seinen 13 Stationen Eltern und Kinder zum Mitmachen. Neugierige Kinder erkunden die kleine Bärenhöhle oder zwängen sich zwischen die Fledermäuse. Beeindruckt sehen sich die Abenteurer das Skelett eines Höhlenbären an und bestimmen das Alter von Steinen und Bäumen. Die Korallenriffplatte aus Heldenfingen oder auch Präparate von heimischen Tieren sind ebenfalls im HöhlenSchauLand zu sehen.

Die Rutsche am HöhlenHaus

Tipp

Während einer Märchenführung lauschen Familien den Geschichten in der Charlottenhöhle. Der Märchenerzähler führt Kinder ab fünf Jahren und ihre Eltern durch die Höhle. Eine Voranmeldung für die einstündige Führung ist nötig. Die Kosten betragen für Kinder von 5–16 Jahren 5 Euro, für Erwachsene 10 Euro. Für Informationen und Reservierungen stehen die Telefonnummern der HöhlenErlebnisWelt 073424/98 71 46, der Tourist-Info 07322/952 29 20 oder auch vom Märchenerzähler Kolja 0731/950 11 64 zur Verfügung.

Kindernaturschutzgebiet Hüttenstuhlburren 20

Sich wie ein Vogel im Nest fühlen

Das deutschlandweit erste Kindernaturschutzgebiet Hüttenstuhlburren ist für Kinder äußerst lehrreich und interessant. Hier wird erforscht, entdeckt und es lassen sich spielerisch Themen rund um die Natur ergründen. Zu finden ist das Naturschutzgebiet in der Gemeinde Hohenstein.

Zwischen Eglingen und Ödenwaldstetten befindet sich das Kindernaturschutzgebiet Hüttenstuhlburren. Etwa 2,5 Kilometer ist das Areal vom Zentrum Hohensteins entfernt. Die Kinder erwartet in dem Naturschutzgebiet ganz außergewöhnliches Spielgerät. Das Ziel, die Abläufe der Natur kennenzulernen, wird ihnen somit spielerisch vermittelt.

Ein Beispiel dafür ist die **Vogelhütte**, die extra überdimensional erbaut wurde. Hier können die Kinder nachfühlen, wie sich ein kleiner Vogel in seinem Nest fühlt. Ein dazugehöriges Schild vermittelt Lehrreiches zum Brutverhalten einiger Vögel. Eine weitere Station ist der Balancierbalken aus Holz. Anhand des eigenen Balancierens erfahren die Jungen und Mädchen, was passiert, wenn das Gleichgewicht in der Natur gestört ist.

Eine Höhle aus Stein gewährt nicht nur den Mädle und Buaba Unterschlupf. Auch verschiedene Tierarten suchen sie auf. Ein Kletterturm lässt die Kleinen ganz groß werden und der Rasenplatz wird für Ballspiele genutzt. Auch eine Rutsche sowie eine 2er-Schaukel sind im Kindernaturschutzgebiet Hüttenstuhlburren zu finden. Für außergewöhnliche Spielabenteuer eignet sich die Hängebrücke. Diese wird ausgiebig

- **Anfahrt:** Auto: An der L248 zwischen Ödenwaldstetten und Eglingen.
- **Öffnungszeiten:** Januar bis Dezember
- **Preise:** Frei zugänglich
- **Altersempfehlung:** Ab 0 Jahren
- **Information:** Gemeinde Hohenstein, Im Dorf 14, 72531 Hohenstein, Tel. 07387/987 00, www.gemeinde-hohenstein.de
- **Einkehr:** Grillstellen im Kindernaturschutzgebiet vorhanden

Hautnahe Naturerlebnisse

genutzt, bis Papa oder Mama das Feuerchen an der Grillstelle entfacht haben und die Würstchen ordentlich gebräunt sind. Nach einem leckeren Essen gibt es noch die Möglichkeit, das nahegelegene **Bauernhaus- museum Ödenwaldstetten** zu besuchen. In ihm lässt sich das Leben um das Jahr 1600 nachvollziehen. Eltern und Kinder sehen sich beeindruckt die authentische Einrichtung an. Sie nehmen den vollen Wäscheschrank, die Waschschüssel oder auch die alte Nähmaschine wahr. Besonders beeindruckend ist die **Teddybärensammlung**. Über 200 gutmütige Bären können begutachtet werden. Außerdem erfahren die Familien, mit welchem Werkzeug die Besenbinder, Küfer oder auch Weber arbeiteten. Geöffnet hat das Bauernhausmuseum Ödenwaldstetten vom 1. Mai bis 31. Oktober Mi, So und an Feiertagen, im August und September auch Sa, jeweils von 14–17 Uhr. Auch außerhalb der Öffnungszeiten können Besuche mit der Gemeindeverwaltung Hohenstein, Tel. 07387/ 987 00, vereinbart werden. Der Eintritt in das Museum beträgt für Erwachsene 4,50 Euro, für Kinder 2 Euro und für Familien 8 Euro.

Tipp
In Ödenwaldstetten findet alle drei Jahre im September das Museumsfest statt. Neben dem Zubereiten und Servieren von typisch regionalen Gerichten werden den Besuchern auch die alten Handwerke präsentiert.

UrMeerPfad in Gerstetten   21

Ein herausfordernder Lehrpfad

Der UrMeerPfad in Gerstetten ist einer der zahlreichen Lehrpfade des GeoParks. Wer den ganzen Rundweg erkunden möchte, sollte mit einer Weglänge von 14 Kilometern rechnen. Der Startpunkt ist am Heldenfinder Kliff oder am Bahnhof Gerstetten.

In eine Zeit vor etwa 150 Millionen Jahren begeben sich Eltern und Kinder bei der Erkundung des UrMeerPfades. Der Rundweg mit seiner Länge von 14 Kilometern führt die Wanderer von Gerstetten nach Heldenfingen und wieder zurück. Zu Fuß oder mit dem Rad wird das alte Riff erkundet und die etwa 20 Millionen alte Kliffkante überquert.

Vom Bahnhof in Gerstetten geht der Weg bis zum Waldfriedhof. An einer Thementafel erfahren die Besucher Spannendes zum UrMeerPfad. Vorbei an dem Landeplatz Gerstetten wandern sie weiter zum **Rüblinger Hof**. Ein Wegweiser zeigt hier die richtige Richtung an. Nach dem Passieren der zwei Aussiedlerhöfe geht es weiter am Linden-dreieck nach links zum Wald. Der Wegweiser Klifftour lässt die Eltern und Kinder ihren Weg nicht verfehlen und so gelangen sie weiter an den Obstgärten vorbei nach Heldenfingen. Am

■ **Anfahrt:** Auto: Von Geislingen über die L1164 oder Heidenheim über die L1165 nach Gerstetten. Öffentliche Verkehrsmittel: Mit ICE, RB, RE oder dem Bus zum Bahnhof Gerstetten.

■ **Weglänge**: 14 km

■ **Altersempfehlung:** Ab 6 Jahren

■ **Information:** Gemeinde Gerstetten, Marktstraße 2, 89547 Gerstetten, Tel. 07323/ 84-0 www.gerstetten.de

■ **Einkehr:** Gasthaus Ochsen, Molkereistraße 7, Heldenfingen Tel. 07323/52 41, www.ochsen-heldenfingen.de

Nacktfüße auf dem Barfußpfad

Ortseingang ist das Heldenfinger Kliff. Hier können die Wanderer den damaligen Meeresspiegel erkennen. Über die Raiffeisenstraße, Untere Hirschstraße und Breite Straße geht es wieder nach Gerstetten. Der Zottelige Baum ist die nächste Station inklusive Thementafel. Nach der Rechtskurve geht es weiter auf dem Schotterweg, der zur alten Heldenfinger Straße führt. Rechts weitergehend befindet sich links ein ehemaliger Eiskeller. Nachdem die Spaziergänger Gerstetten erreicht haben, gehen sie weiter links in den Müllerweg. Links haltend erreichen sie bald den Wasserturm, von dem man einen fantastischen Blick auf die Region hat. Nun erreichen sie bald die Karlstraße, die wieder zurück zum Bahnhof führt.

Ein besonderes Highlight ist ungefähr nach der halben Strecke der geologische **Mehrgenerationen-Spielpark**. Gegenüber dem Kindergarten Regenbogen befindet sich eine große Fläche, auf der es viele Angebote für die Kids gibt. 23 Stationen laden zu Eroberungsfeldzügen ein. Kinder jeden Alters können spielen, balancieren oder auch schaukeln. Ein Barfußpfad, auf dem Materialien wie Steine, Rinde, Holz und Gräser zum Einsatz kommen, sowie ein Spieletisch mit Mühlefeld sind besondere Angebote. Die Sinne Tasten, Sehen, Riechen, Schmecken und Hören werden auf dem Natursinnespfad angesprochen. Außerdem gibt es ein Urzeitmosaik der Heldenfinger Künstlerin Andrea Neumayer zu entdecken. Für Plätzchen zum Erholen wurde ebenfalls gesorgt. Von ihnen aus kann man auch die fantastische Aussicht über die Kuppenalb ausdauernd genießen.

Wimsener Höhle 22

Bootsfahrt in die Friedrichshöhle

Mit dem Boot lässt sich die Wimsener Höhle erkunden. Die einzige befahrbare Wasserhöhle Deutschlands wurde nach dem Kurfürsten Friedrich von Württemberg Friedrichshöhle benannt. Die Bootsfahrt ist auch schon für kleine Kinder geeignet.

Die Wimsener Höhle entstand einst in den Oberen Massenkalken des Oberjura durch den Höhlenbach. Heute gehört sie zu den bedeutendsten Attraktionen des Geoparks der Schwäbischen Alb. Der Geopark umfasst Landschaften oder Landschaftsteile mit geologischem Naturerbe sowie mit archäologischem, ökologischem, historischem und kulturellem Erbe.

Nach ihrer Ankunft fahren Eltern und Kinder etwa 70 Meter in das Höhleninnere. Den Besuchern eröffnet sich eine magische Welt. Klares Wasser, leises Plätschern, glitzernde Kiesel verführen zum Fantasieren. Alle Eindrücke zusammen lassen durchaus märchenhafte Erscheinungen zu. Die Fährmänner und Höhlenführer informieren die Besucher über die Entstehung und die Geschichte der Höhle. Sie erfahren, dass Herzog Friedrich II. die Höhle 1803 besuchte. Seit diesem Jahr wurde sie auch als **Schauhöhle** genutzt. 1447 wurde der Name der Höhle das erste Mal in Urkunden erwähnt. Weitergehende Erkundungen wurden u. a. von Jochen Hasenmeyer ab 1959 vorgenommen. Er konnte in den Jahren 1961 bis 1975 bis zu 400 Meter weit und 40 Meter tief vordringen.

Direkt am Höhleneingang werden die lateinischen Verse einer Inschrift bewundert. Diese

■ **Anfahrt:** Auto: Von Ulm auf der B 311 44 km bis nach Obermarchtal, rechts ab nach Zwiefalten. Von Reutlingen/Tübingen auf der B 312 bis Zwiefalten. An der Straße von Zwiefalten nach Hayingen, 3 km nördlich von Zwiefalten.

■ **Öffnungszeiten:** April bis November 10–18 Uhr (November bis März Winterruhe)

■ **Preise:** Erwachsene 3,50 Euro, Kinder 2–5 Jahre 2,50 Euro, Kinder 6–13 Jahre 3 Euro

■ **Altersempfehlung:** Ab 2 Jahren

■ **Information:** Naturerlebnis Wimsener Höhle, mit historischem Gasthof Friedrichshöhle, Wimsen 1, 72534 Hayingen-Wimsen, Tel. 07373/91 52 60, www.tress-gastronomie.de

■ **Einkehr:** Gasthof Friedrichshöhle

Einladendes Ambiente

wurde anlässlich des Kurfürstenbesuches angebracht: »*Grata tuum praesens numen mea nympha salutat. Laetior unda tibi nunc Friderice fluit. MDCCCIII. IX Aug F.F. Normann. Dankbar begrüßt den hohen Besuch die hier waltende Nymphe. Fröhlicher fließet dir nun, Friedrich, die rauschende Ach. 9. August 1803 Friedrich Freiherr von Normann.*«

Die Dauer der Bootsfahrt beträgt ca. acht bis zehn Minuten. Die zehn Personen pro Boot erhalten zudem eine kleine Einweisung. Nach dem Besuch der Wimsener Höhle bieten sich mehrere Möglichkeiten. Vielleicht lockt noch ein kleiner Spaziergang auf einem der Wanderwege? Diese sind sogar mit dem Kinderwagen befahrbar. Der Ziegenhof Loretto bei Sonderbuch oder der Weg zur Burg Ehrenfels sind mögliche Ziele. Alternativ kann auch der **Wasserspielplatz** gegenüber dem Gasthof Friedrichshöhle aufgesucht werden. Dort wartet schon der Wasserspeiende Drache auf die Kids.

Zur Stärkung gibt es den **historischen Gasthof Friedrichshöhle**. Auf der Forellenterrasse neben dem Zwiefalter genießen die Gäste die kreative schwäbische Küche. Geöffnet hat der Gasthof Dezember–März sonntags von 11–17 Uhr, warme Küche von 11.30–16.30 Uhr, April–Oktober täglich ab 10 Uhr, So–Do warme Küche von 11.30–19.30 Uhr, Fr und Sa warme Küche von 11.30–20.30 Uhr. Eine vorherige Reservierung kann unter www.tress-gastronomie vorgenommen werden. Allerdings können an Sonn- und Feiertagen Reservierungen nur bis 12 Uhr angenommen werden.

Wanderung in Albstadt-Tailfingen 23

Gemütliche Wanderung mit vielen Ausblicken

Eine Wanderung mit schönen Aussichtspunkten beginnt und endet am Schützenhaus in Albstadt-Tailfingen. Festes Schuhwerk ist bei der etwa drei Stunden langen Wanderung empfehlenswert. Generell ist die Route vom Schwierigkeitsgrad her leicht.

Knapp zehn Kilometer ist die Wanderung mit den zahlreichen Aussichtspunkten lang. Der Start- und Zielpunkt ist das Schützenhaus, wo Autofahrer auch ihren Pkw abstellen können. Auf die Mitnahme von Kamera und Fernglas sollte bei dieser Wanderung nicht verzichtet werden.

■ **Anfahrt:** Über die B 27, Abfahrt Albstadt/Sigmaringen/Burladingen auf die B 32. Zwischen Burladingen-Starzeln und Burladingen abzweigen auf L442 Richtung Albstadt/Bitz. Auf Höhe Neuweiler L443 links abbiegen zum Parkplatz Schützenhaus. Öffentliche Verkehrsmittel: Bus Linie 44 nach Tailfingen.

■ **Ausgangs-/Endpunkt:** Schützenhaus Albstadt-Tailfingen

■ **Wegstrecke:** 9,3 km

■ **Altersempfehlung:** Ab 5 Jahren

■ **Information:** Stadtverwaltung Albstadt, Touristinformation, Marktstr. 35, 72458 Albstadt, Tel. 07431/ 160 12 04, www.albstadt.de

■ **Einkehr:** Waldgaststätte zum Schönhaldenfelsen, Vor dem Härtle 2, 72461 Albstadt, Tel. 07432/98 34 25

Forschen Schrittes den Weg entlang

Kleine Racker unterwegs

Gut ausgerüstet lassen Eltern und Kinder das Schützenhaus hinter sich und erobern den Buchenwald. Mit Blick auf die Skilifte und die Downhill-Strecke des Bikeparkes führt sie der Weg zum **Tailfinger Schloss**. Leider sind von dem Schloss nur noch die Burggräben zu sehen. Die Höhenburg wurde vor dem Jahr 1100 erbaut. Wer die Burg bewohnt hat, ist nicht bekannt, nur dass sie 1403 aufgegeben wurde.

Weiter geht die Wanderung durch das Naturschutzgebiet Leimen, in dem die Spaziergänger das ein oder andere seltene Pflänzchen erspähen können. Bald erreichen sie die **Solitärfelsen**, die sehr beeindruckend wirken. Am Waldrand entlang werden schon bald die **Schönhaldenfelsen** (906 m) erreicht. Nach einem kurzen Stopp, um die wunderschöne Aussicht zu genießen, warten auch schon die Wacholderheiden am Weg. Vorbei an den Sandlöchern und durch den Wald gelangt man schon bald auf die Finnenbahn. Die Finnenbahn ist eine besonders angelegte Strecke, die dem Crosslauftraing oder Freizeitjoggern dienlich ist und sich durch den weichen Bodenbelag auszeichnet. Von der Finnenbahn ist es nicht mehr weit zum Ausgangspunkt.

Lausbubenmanöver

Als Einkehrmöglichkeit ist das **Gasthaus Schönhaldenfelsen** zu erwähnen. Das rustikale Ausflugslokal hält im Innenbereich 120 und im Gartenbereich 80 Plätze bereit. Gleich nebenan befindet sich ein **Waldspielplatz**, der von dem Nachwuchs gerne genutzt wird. Verstecken, Fangen, oder auch Klettern – der Waldspielplatz ermöglicht zahlreiche Spielmöglichkeiten. Das Gasthaus hat jeweils Sa ab 14 Uhr und So ab 10 Uhr geöffnet.

Wer einen Ausflug in die Märchenwelt liebt, dem bietet sich die Gelegenheit, einer **Märchenwanderung zur Schalksburg und ins Wannental** beizuwohnen. Die Märchenerzählerin Sigrid Maute führt Familien und Kinder durch den Märchenwald und zu einem geheimnisvollen Turm. Durch das Wannental gelangen die Abenteurer zu einem Bergcafé, in dem ganz märchenhafte Gerichte angeboten werden. Die Märchenwanderungen finden zu bestimmten Terminen statt und dauern zwischen 2,5 und 3,5 Stunden. Sie sind für Kinder ab sechs Jahren in Begleitung eines Erwachsenen geeignet. Pro Person kostet die Wanderung 5 Euro. Informationen sind bei der Stadt Albstadt unter Tel. 07431/160 12 04 erhältlich.

24 Wintersport auf der Schwäbischen Alb

Vom Skifahren übers Rodeln bis zum Eislaufen

Wintersportler finden auf der Schwäbischen Alb eine Vielzahl an attraktiven Angeboten vor. Bei entsprechenden Schneeverhältnissen werden die Skilifte und präparierten Eisbahnen in Betrieb genommen. Skifahrer und Snowboardfahrer, Rodler und Eisläufer können sich hier aktiv betätigen.

Skigebiete

■ Skizentrum Hirtenteich
Zwei Schlepplifte und ein Kinderlift sorgen für viel Spaß im Schnee. An den Wochenenden und in den Ferien ab 9 Uhr geöffnet. Ab 17 Uhr ist das Fahren unter Flutlicht möglich. Informationen unter Schneetelefon 07365/58 30.
Anfahrt: B 29 nach Aalen, ca. 7 km Richtung Esslingen und Lauterburg.

Skilifte und Rodelbahnen

■ Skilift Sandberg
Über die Schneeverhältnisse der 340 Meter langen Abfahrt gibt es unter Schneetelefon 07362/37 97 Auskunft. Flutlicht und Skikurse vervollständigen das Angebot.
Anfahrt: Über die B 29 nach Bopfingen.

■ Skilift Winterhalde
Auf der 300 Meter langen Abfahrt zeigen Anfänger wie Fortgeschrittene ihr Können. Flutlicht, Skikurse und eine Schanzenanlage werden angeboten. In der warmen Jahreszeit verwandelt sich der Skilift in einen Sessellift. Informationen unter Schneetelefon 07322/65 30.
Anfahrt: Über die B 466 Richtung Schwäbisch Gmünd.

■ Waldskilift Böhmenkirch-Schnittlingen
Westlich von Böhmenkirch Richtung Treffelhausen gibt es die 300 Meter lange Abfahrt zu entdecken. Fahren mit Flutlicht oder die Teilnahme an

Winterliche Aussichten

Skikursen ist möglich. Die Gastronomie versorgt mit Speis und Trank.
Anfahrt: B 466 von Böhmenkirch Richtung Treffelhausen.

■ Skilift Kriegsburren

Doppel- und Einzelschlepplifte über 420 Meter bringen die Wintersportler zum Ausgangspunkt des Hangs. Flutlicht, Skikurse und auch die Gastronomie sind ein weiterer Service.
Anfahrt: B 466 von Böhmenkirch nach Treffelhausen.

■ Skilift Donnstetten

Gleich vier Skilifte und eine 400 Meter lange Piste erwarten die Kids und
ihre Eltern. Flutlicht und Skikurse inklusive.
Anfahrt: Westerheim, Römerstein Donnstetten, direkt an der B 465.

■ Skilift und Rodelbahn Heuberg

Bei entsprechenden Schneeverhältnissen ist die 200 Meter lange Abfahrt
das reinste Vergnügen. Hier ist auch Snowboard fahren erlaubt. Eine Rodelbahn befindet sich direkt neben der Skipiste.

Eingeschneites Gipfelkreuz

Anfahrt: Über die A 8, Anschlussstellen 59 (Mühlhausen), 60 (Hohenstadt), 61 (Merklingen).

■ Skilift und Rodelbahn Halde

Die 300 Meter lange Abfahrt sorgt für viel Fun. Fahren unter Flutlicht und auch Rodeln sind möglich. Snowboardfahrer sind gern gesehen, eine Gaststätte ist vorhanden.

Anfahrt: Über die A 8, Anschlussstellen 59 (Mühlhausen), 60 (Hohenstadt), 61 (Merklingen).

■ Skilift Bleiche

Das Schneetelefon 07025/28 07 gibt Auskunft über die Verhältnisse der 300 Meter langen Piste. Flutlicht und Skikurse sind weitere Angebote.

Anfahrt: Von Lenningen die B 465, dann L1210 nach Beuren bei Nürtingen.

■ Skilift Pfulb

Auf der Rodelbahn sind bei Schnee viele Schlitten unterwegs. Nebenan gibt es drei Lifte mit über 300 Meter langen Abfahrten.

Anfahrt: Über die B 465 in Lenningen Richtung Parkstraße, Amtsgasse, Pfulbstraße.

■ Skilift Mönchberg

Für Kinder gibt es einen eigenen Lift. Die Liftstation verfügt über einen Kiosk, an dem man sich nach der 300 Meter langen Abfahrt stärken kann.
Anfahrt: A 8 Ausfahrt 57 Kirchheim Ost, ca. 2 km auf der B 465.

■ Skilift Bläsiberg

Das Skigebiet ist für Anfänger wie auch für Fortgeschrittene geeignet. Drei Schlepplifte sind aktiv.
Anfahrt: A 8 Ausfahrt Mühlhausen. Ab Wiesensteig weisen Schilder den Weg.

Eislaufen

■ Eislauf- und Freizeit-Center Reutlingen

Zu flotten Rhythmen wird auf dem Eis gefahren. Wer es noch lernen möchte, nimmt am Eislaufunterricht teil. Eisstockschießen und das Ausleihen von Schlittschuhen sind ebenfalls möglich. Mit deftigen und süßen Leckereien versorgt die Cafeteria.
Anfahrt: Straße unter den Linden, Richtung Schieferstraße zum Parkplatz.

■ Eislaufplatz Sonnenbühl

Bei der Erpftalhalle in Erpfingen wird bei entsprechenden Temperaturen der Platz präpariert.
Anfahrt: Trochtelfinger Straße 1, Erpfingen

■ Eispark Aalen

Auf dem Greutplatz in Aalen ist das Eislaufen auf einer 1200 Quadratmeter großen mobilen Eislaufbahn möglich. Von November bis Februar ist die Eislaufsaison.
Anfahrt: Über B 19 und B 29 nach Aalen, dann Rombacherstraße und Parkstraße.

■ Donau-Ice-Dome Wonnemar in Neu-Ulm

Von Oktober bis März ist die Eislaufanlage Donau-Ice-Dome Wonnemar in Neu-Ulm geöffnet. Innen wie außen üben sich die Eisläufer im Kringel malen. Außerdem finden Eisdisco und Eislaufkurse statt.
Anfahrt: Über B 10 und B 28 nach Neu-Ulm, Ausfahrt Wiblinger Straße.

Besuch im
Steiff-Museum

Abenteuer
drinnen

25 LALO Center Heidenheim

Im Land der zahlreichen Spielmöglichkeiten

Der Indoorspielplatz LALO Center in Heidenheim ist zu jeder Jahreszeit ein Treffpunkt für Mädchen und Jungen. Gerade bei schlechtem Wetter können sich die Kids wunderbar austoben, was sonst nur auf dem Spielplatz gelingt. Vielfältige Attraktionen sorgen dafür, dass die Langeweile lange auf sich warten lässt.

Der Indoorspielplatz LALO Center in Heidenheim befindet sich in zentraler Lage in Nähe der B 466. Hier können die Kinder ungestört toben, ohne dass das Spielen von Schneefall oder Regen gestört wird. Zum Spielen steht ihnen eine Fläche von ca. 2000 Quadratmetern mit zahlreichen Spielangeboten zur Verfügung.

Für die Allerkleinsten gibt es einen eigenen **Kleinkind-Krabbelbereich**. Hier können sie in Ruhe mit anderen Minis ihren separaten Bereich erkunden. Im Bällebad breiten sie Beine und Arme aus und lassen die bunte Farbwelt auf sich wirken. Jedes Bällchen wird in die Hand genommen und ausgiebig bestaunt. Die Affenschaukel, die Motorikrolle oder auch das Softkrokodil werden ebenfalls ausgiebig getestet. Viel Spaß haben die Kleinkinder auf den Bobbycars. Ab und zu wird ein Rennen gestartet, unter den wachsamen Augen ihrer Eltern. Als besonderen Service gibt es für die Kleinsten zwei getrennte **Wickelplätze**.

Dschungelige Attraktionen warten auf die schon älteren Kinder. Neben einem riesigen Funpark gibt es einen **Tiefseilgarten** im Indoorspielplatz. Ballwasserfall, 4er-Wellenrutsche, Spiralrutsche sowie eine Softboulderwand, vier

■ **Anfahrt:** Auto: Über die B 466. Öffentliche Verkehrsmittel: Bus Linie 30 zur Haltestelle Kreistierheim.

■ **Öffnungszeiten:** Januar bis Dezember jeweils Mo–Fr 13–19 Uhr, Sa, So, Feiertag und Ferien 10–19 Uhr (geschlossen 24. Dezember ab 15 Uhr und 25. Dezember)

■ **Preise:** Erwachsene 3,50 Euro, Kinder 3–15 Jahre 6,50 Euro, Kinder 1–3 Jahre 3,50 Euro, Familien (2 Erwachsene, 2 Kinder) 17 Euro

■ **Altersempfehlung:** Ab 0 Jahren

■ **Information:** LALO Center GmbH, Stubentalstraße 58, 89518 Heidenheim/Brenz, Tel. 07321/34 21 61, www.lalo-center.de

■ **Einkehr:** Bistro im LALO Center

Blick in die Spiellandschaft

Riesentrampoline und zwei Bungeetrampoline sind weitere Attraktionen. Am Kicker oder beim Airhockey beweist sich auch einmal der Papa. Das Soccer- und Basketballfeld sowie der Wabbelberg sind außerdem sehr begehrt.

Die Eltern genießen in der Spielzeit der Kinder ihre kleine Auszeit. In der Lounge oder im Bistro blättern sie in Zeitschriften und genießen ihren Kaffee. Zwei **kostenpflichtige Massagesessel** versetzen sie in das Reich der Träume. Für Eltern, die noch eine E-Mail verschicken müssen, gibt es einen Computertresen, von dem aus sie aber auch einen Blick auf ihren

Rutschspaß ohne Grenzen

Nachwuchs haben. Bei schönem Wetter ist zudem die Außenterrasse geöffnet.

Den **Kindergeburtstag** können die Kinder auch im LALO Center feiern. Hier haben sie die Wahl zwischen mehreren Paketen, wobei das Basis-Paket den Eintritt für den ganzen Tag, 0,5 l Apfelschorle pro Kind (Apfelsaft und Sprudel getrennt) sowie den reservierten und einfach dekorierten Geburtstagstisch mit Thron enthält. Außerdem besteht die Möglichkeit, einen Geburtstagskuchen mitzubringen. Ab sieben Kindern haben zwei Erwachsene freien Eintritt. Das Geburtstagskind kann sich außerdem über ein tolles Geschenk freuen.

Steiff Museum Giengen   26

Im Land der Kuschelbären

Im Erlebnismuseum Die Welt von Steiff in Giengen an der Brenz tauchen die Besucher tief in die Welt der kuscheligen Teddybären ein. Die Teddys mit dem Knopf im Ohr sind vielen Kindern wohlbekannt.

Auf drei Etagen mit 2400 Quadratmeter Fläche kann man die Welt der Margarete Steiff erkunden. Ihre Visionen sind Wirklichkeit geworden. Hartnäckigkeit und Begeisterung verhalfen ihr zum Erreichen ihrer Ziele. Das Museum befindet sich auf dem Werksgelände der Firma Margarete Steiff GmbH in Giengen an der Brenz. Margarete Steiff kam selbst aus diesem Ort, in dem heutzutage die Teddybären und ihre Freunde eine wichtige Rolle spielen.

Seit 2005 beeindruckt das Erlebnismuseum die Familien. Von außen schon sehr markant, ist es im Inneren noch faszinierender. In der **Erlebnis-**

Ritt auf dem Vierbeiner

■ **Anfahrt:** Auto: Von der A 7 über B 492 und L1079 nach Giengen. Öffentliche Verkehrsmittel: Mit der Bahn nach Giengen (Brenz). Zu Fuß nur wenige Meter zum Museum.

■ **Öffnungszeiten:** Januar bis Dezember 10–18 Uhr (am 25. und 26. Dezember, 1. Januar sowie Karfreitag geschlossen, am 24. und 31. Dezember nur bis 13 Uhr geöffnet)

■ **Preise:** Erwachsene 8 Euro, Kinder bis 16 Jahre 5 Euro, Familien: 20 Euro

■ **Altersempfehlung:** Ab 3 Jahren

■ **Information:** Steiff Museum, Margarete-Steiff-Platz 1, 89537 Giengen/Brenz, Tel. www.steiff.de

■ **Einkehr:** Im Bistro Knopf, Tel. 07322/95 43 95

welt suchen Mädchen und Jungen nach 3000 verschwundenen Teddybären. Die beiden Steiff-Helden Frieda und Knopf begleiten die Kids auf ihrer Suche.

Tipp

Sehr interessant ist der Besuch im Geburtshaus von Margarete Steiff. Nach Voranmeldung unter der E-Mail-Adresse museum@steiff.de kann man das Leben von Margarete nachverfolgen. Produkte von Steiff wie frühe Filz- und Samtprodukte werden ebenfalls präsentiert. Eine Führung kostet 45 Euro.

In dem Ausstellungsbereich wird die über 127-jährige Geschichte von Steiff lebendig. Steifftiere in vielerlei Größen, Farben und Formen gibt es hier zu entdecken. Darunter befinden sich auch ganz seltene Exemplare, deren Anblick Sammlerherzen höher schlagen lässt.

Die Nähstube von Margarete Steiff ist ein weiterer Höhepunkt. Hier gibt es zahlreiche Informationen zur Firmengründerin und darüber, wie alles begann. Wie die Kinderlieblinge gefertigt werden, ist live in der **Schaufertigung** zu sehen. Traditionelle Methoden werden bei der liebevollen Fertigung der Steifftiere angewandt. Gebannt verfolgen die Kinderaugen die Arbeit der fleißigen Hände der Mitarbeiter.

Im **Bistro Knopf** lassen sich die Besucher des Museums das Bären-Menü oder Margaretes Lieblingsteller schmecken. Anschließend lockt noch der Besuch im Steiff-Shop, wo ganz besondere Artikel, die es ausschließlich vor Ort gibt, auf die Familien warten.

Imposante Architektur

Für **Geburtstagskinder**, die mit ihren Freunden im Erlebnismuseum feiern möchten, gibt es ein Kinderquiz und ein Bastelprogramm. Natürlich sehen sie sich auch ausgiebig in der Bärenwelt um. Im Bistro Knopf können die Kinder außerdem mit einer Bärentorte (15 Euro) feiern. Alternativ kann zwischen den Bären-Nuggets mit Pommes und Getränk (4,90 Euro) oder den Bären-Nudeln mit Tomatensoße und Getränk (3,90 Euro) gewählt werden. Der Kindergeburtstag dauert ca. zwei Stunden. Mindestens sieben Kinder sollte das Geburtstagskind zu seiner Party einladen (je 10 Euro). Das Geburtstagskind hat freien Eintritt, möge allerdings ein Elternteil (8 Euro) zu seiner Party mitbringen.

Schloss Lichtenstein 27

Anschaulicher Geschichtsunterricht

Graf Wilhelm von Württemberg ließ durch den Architekten Heideloff das Schloss Lichtenstein erbauen. Auf die Idee kam der Graf durch den Roman Lichtenstein von Wilhelm Hauff. Noch heute steht das neugotische Schlösschen, das auch innen besichtigt werden kann, auf einem Felsen.

Auch bekannt als Märchenschloss Württembergs präsentiert sich das Schloss Lichtenstein auf dem steilen Felsen in 817 m Höhe. Während einer Führung durch das Schlossinnere wird die Waffenhalle mit **mittelalterlichen Rüstungen** und auch die Schlosskapelle, in der wunderschöne Glasmalereien aus dem 15. und 16. Jahrhundert zu sehen sind, besucht. Eine Trinkstube mit Wandmalereien, die Jagdszenen darstellen, und mit vielen Sinn- und Trinksprüchen ist im Erdgeschoss zu entdecken.

Das Königszimmer kann im 1. Obergeschoss begutachtet werden. Dort befindet sich auch das Wappenzimmer, in dem Bilder alter Meister der Ulmer-Meßkircher ausgestellt sind. Das Erkerzimmer mit mittelalterlichen Möbeln und einem entzückenden Nähtischchen ist neben dem **Rittersaal**

■ **Anfahrt:** Auto: Von der B 312 Honau/Engstingen über die L230 Richtung Gentzingen und die K6732 zum Schloss. Öffentliche Verkehrsmittel: Mit der Bundesbahn über Stuttgart nach Reutlingen. Von dort mit dem Bus (Linie 7606) bis Haltestelle Traifelberg.
■ **Öffnungszeiten:** Februar, März, November jeweils Sa, So, Feiertag 10–16 Uhr, April bis Oktober jeweils Mo–So, Feiertag 9–17.30 Uhr
■ **Preise:** Führung Erwachsene 6 Euro, Kinder 3 Euro, Schlosshof Erwachsene 2 Euro, Kinder 1 Euro, Sonderführung eine Stunde 15 Euro
■ **Altersempfehlung:** Ab 4 Jahren
■ **Information:** Schlossverwaltung Lichtenstein, 72805 Lichtenstein, Tel. 07129/41 02, www.schloss-lichtenstein.de
■ **Einkehr:** Schlossschenke, www.schlossschenke-lichtenstein.de, oder Altes Forsthaus, www.altesforsthauslichtenstein.de

zu sehen. Im Treppenhaus des Schlosses bewundern Kinder und Eltern den berühmten Schützen vom Lichtenstein. Die Renaissancebüsten aus Sandstein im Treppenhaus und an den Gebäuden im **Schlosshof** stammen aus dem ehemaligen Lusthaus in Stuttgart. Im Außenbereich wandeln Eltern und Kinder durch den weitläufigen **Schlossgarten** und sehen sich den romantischen Schlosshof an.

Zwerglein bei der Schlossentdeckung

Im Rahmen einer **Sonderführung** für maximal acht Personen nach vorheriger Anmeldung können zudem die privaten Gemächer des Grafen von Württemberg bewundert werden. Abschließend gibt es ein Glas Sekt in der Werfstube zu verkosten und eine Broschüre über das Gesehene.

Nicht weit vom Schloss Lichtenstein entfernt, bietet der Abenteuerpark Schloss Lichtenstein Mädchen und Jungen ab acht Jahren die Möglichkeit zu klettern. Auf den einfachen Parcours können sich die Kids nach einer kurzen Einweisung eigenständig betätigen, während die Eltern sich an einem Parcours mit höheren Anforderungen beweisen. Der **Abenteuerpark** hat von Ende März bis Anfang November geöffnet. Für einen Elternteil mit einem Kind beträgt der Eintritt 32 Euro, während zwei Elternteile mit zwei Kindern 58 Euro zahlen. Weiterführende Informationen gibt es unter Abenteuerpark Schloss Lichtenstein direkt am Schloss Lichtenstein auf der Schwäbischen Alb, Tel. 07129/69 43 95, www.abenteuerpark-schlosslichtenstein.de.

Urwelt-Museum Holzmaden 28

Zeugen aus der Vergangenheit erforschen

Das private Urwelt-Museum Hauff in Holzmaden zeigt den Besuchern interessante Exponate. Zum Teil stammen diese aus der Jurazeit vor 180 Millionen Jahren. Im Dinopark können die Kids selbst nach Saurierresten suchen.

Im Urwelt-Museum Hauff in Holzmaden reisen die Eltern und Kinder in längst vergangene Zeiten. Sie erhalten einen Eindruck, wie vor 180 000

Besuch der Giganten

■ **Anfahrt:** Auto: A 8 Stuttgart–Ulm, Ausfahrt Kirchheim/Teck Ost oder Ausfahrt Aichelberg. Öffentliche Verkehrsmittel: Mit der S-Bahn bis Kirchheim-Teck, dann weiter mit dem Bus nach Holzmaden.

■ **Öffnungszeiten:** Di–So 9–17 Uhr (geschlossen am 24./25. Dezember, 31. Dezember und 1. Januar; sollte ein Feiertag auf einen Montag fallen, ist das Museum an diesem Tag geöffnet)

■ **Preise:** Erwachsene 6 Euro, Kinder ab 3 Jahren 1,50 Euro

■ **Altersempfehlung:** Ab 5 Jahren

■ **Information:** Urwelt-Museum Hauff, Aichelberger Straße 90, 73271 Holzmaden, Tel. 07023/28 73, www.urweltmuseum.de

■ **Einkehr:** Im Urwelt-Museum Hauff

Friedvolle Gesellen

Jahren Europa von einem Meer überflutet war. Dieses schuf optimale Voraussetzungen für einige Saurierarten. In der Schwäbischen Alb sind bis heute noch Überreste zu entdecken.

Das Urwelt-Museum präsentiert seine Ausstellung auf einer Fläche von 1000 Quadratmetern. Gleich am Eingang können sich die Besucher ein Bild von den Schichten des Posidonienschiefers mit seinen typischen Fossilien machen. Des Weiteren ist ein lebensgroßes Sauriermodell zu bewundern. **Dioramen, Schautafeln** und **Videofilme** führen anschaulich in die Materie des Jurameers ein. So erfährt man z. B., wie tote Saurier zu Fossilien geworden sind, wie man diese entdeckt und wie sie in der Museumswerkstatt präpariert werden.

Eltern und Kinder sehen sich Ichthyosaurier, Plesiosaurier, Krokodilsaurier, Flugsaurier, Fische, Seelilien, Ammoniten und Belemniten an. Ein ganz besonderes Exponat ist die große Seelilienkolonie. Ebenso bekannt ist der vier Meter lange Ichthyosaurier.

Im **Dinopark** des Museums werden die Kinder selbst tätig. Zwischen den Bepflanzungen wie Schachtelhalmen, Ginkgo- und Mammutbäumen befinden sich acht lebensgroße Dinosauriermodelle. Eindrucksvoll präsentieren sich Stegosaurier, Diplodocus, Iguanodon, Deinonychus, Plateosaurus oder auch der Allosaurus. Ein mit Sand gefülltes Ausgrabungsfeld ist gleich neben dem Diplodocus zu finden. Hier ist auch das Skelett eines Dinosauriers versteckt. Mit Schaufel und Besen können sich die Kinder nun an die Arbeit machen. Geduldig graben sie im Sand. Das zugehörige Werkzeug ist an der Kasse erhältlich. Zehn Kinder benötigen fast eine Stunde, um den Saurier freizulegen. Danach werden die Eltern und Kinder in der **Cafeteria** des Urwelt-Museums Hauff mit frischen Backwaren und Getränken bewirtet.

Für den **Kindergeburtstag** hat sich das Museum etwas Besonderes ausgedacht. Während des Saurierprogramms basteln und malen die Kinder. Außerdem wird ein Videofilm angesehen. Das Geburtstagsprogramm ist für Kinder von acht bis zehn Jahren geeignet und dauert ca. 1,5 Stunden. Die Kosten betragen für maximal zwölf Kinder 75 Euro. Zudem werden nach vorheriger Anfrage **persönliche Führungen** veranstaltet, die auf die Zielgruppe abgestimmt sind. Für die 45-minütige Führung wird eine Gebühr von 60 Euro erhoben.

Faszinierende Schönheit

Tipp

Wer selbst einmal Fossilien sammeln möchte, hat die Gelegenheit dazu von März bis November im Schieferbruch Kromer in Ohmden. Ammoniten aller Art, Muscheln, Belemniten, Pyrit und fossiles Holz sind nur einige Beispiele für mögliche Funde. Informationen bei Schieferbruch Kromer, Zeller Str. 3, 73275 Ohmden, Tel. 0173/962 39 07, www.schieferbruch-kromer.de

29 Ulmer Münster

Die Besonderheiten des Wahrzeichens erkunden

Stolz zeigt das Ulmer Münster seine ganze Pracht. Schon von Weitem ist es zu entdecken, denn das Ulmer Münster ist die Kirche mit dem höchsten Kirchturm der Welt. Aber nicht nur von außen ist es ein prachtvoller Bau.

Das Ulmer Münster ist ein Anziehungs- und Treffpunkt für Touristen und Einheimische. Am Ende des Münsterplatzes steht es mit seinem beeindruckenden Turm mit einer Höhe von 162 Metern. Von einer **Aussichtsplattform** aus hat man einen fantastischen Rundumblick auf die Stadt. Bei besonders klarem Wetter ist sogar eine Sicht auf die Alpenkette von Säntis bis Zugspitze möglich. Zuvor müssen aber erst die 768 Stufen hinaufgestiegen werden. Wer das geschafft hat, befindet sich zumindest auf einer Höhe von 141 Metern.

Der Grundstein für das Ulmer Münster wurde 1377 gelegt, wobei die Turmspitze 1890 vollendet wurde. Die Baumeisterfamilien Parler und von Ensingen, Matthäus Böblinger und Burkhard Engelberg waren für den Bau der Kirche verantwortlich.

Aber auch innen ist das Münster äußerst sehenswert. Bedeutende Kunstwerke sind beispielsweise das **Chorgestühl aus dem 15. Jahrhundert**, die Kanzel, das Chorfenster oder der Schmerzensmann von Hans Multscher. Um das Ulmer Münster näher kennenzulernen, ist es lohnenswert an einer der Führungen teilzunehmen. Für Kinder und Jugendliche gibt es sogar ein eigenes Programm. Unter dem Titel JIM – Jugend im Münster gehen ausgebildete Kirchen-

■ **Anfahrt:** Auto: Über die A 8 oder A 7 und B 10 nach Ulm, dann Richtung Stadtmitte. Öffentliche Verkehrsmittel: Vom Ulmer Hauptbahnhof ca. 300 m zu Fuß über die Fußgängerzone zum Münsterplatz.

■ **Öffnungszeiten:** Turm November bis Februar Mo–So 9–15.45 Uhr, April bis Juni, September 9–17.45 Uhr, Oktober 9–16.45 Uhr, Juli bis August 9–18.45 Uhr

■ **Preise:** Turmbesteigung Erwachsene 4 Euro, Kinder ab 7 Jahren 2,50 Euro

■ **Altersempfehlung:** Ab 4 Jahren

■ **Information:** Ulmer Münster, Münsterplatz, Tel. 0731/161 28 30, www.ulmer-muenster.de

■ **Einkehr:** In den Lokalen in der Fußgängerzone

Der Münsterturm und der »Ulmer Spatz«

führer mit den Kindern durch das Münster. Hier wird auch mal der Glockenstuhl aus der Nähe betrachtet. Das Münster besitzt zehn läutbare Glocken und drei weitere, die nicht zu läuten sind. Eine von den läutbaren Glocken ist die Schwörglocke. Diese ist sogar älter als das Münster und wiegt 3500 Kilogramm. Bis zum heutigen Tag wird sie ausschließlich am Schwörmontag und von Hand geläutet.

Während der **kleinen Führungen** werden einzelne Kunstwerke oder ein spezielles Thema unter die Lupe genommen. Nach mehreren kleineren Führungen erfahren die Teilnehmer viel mehr, als es in einer einzelnen Führung möglich ist. Unentdeckte Kunstschätze werden in der speziellen Führung aufgedeckt. Hier werden Kammern und Räume geöffnet, die sonst nicht zugänglich sind. Bei dieser Führung ist eine rechtzeitige Reservierung nötig. Unter Tel. 0731/967 50 23 können entsprechende Karten reserviert werden.

Nach dem Besuch des Ulmer Münsters bietet sich ein Spaziergang in die Hirschstraße, die Haupteinkaufsstraße Ulms und Fußgängerzone, an. Hier findet man auch ein lauschiges Plätzchen, um ein Eis zu schlecken oder bei kalten Temperaturen einen Tee zu genießen.

30 Alb-Gold Trochtelfingen

Von A bis Z zur Nudel

Staunend verfolgen die Kinder die Vorgänge in der Gläsernen Produktion der Firma Alb-Gold. Von der Herkunft der Rohstoffe bis zur getrockneten Nudel können Eltern und Kinder den Weg hautnah verfolgen. Natürlich kann auch ein leckeres Mitbringsel erworben werden.

■ **Anfahrt:** Auto: Von Reutlingen oder Sigmaringen über die B 313 nach Trochtelfingen. Öffentliche Verkehrsmittel: Mit Bus oder Bahn direkt zu den Haltestellen Alb-Gold.

■ **Öffnungszeiten:** Besichtigung Gläserne Produktion Mo–Fr jeweils 11.30 Uhr, zusätzlich um 14.30 Uhr in den Schulferien von Baden-Württemberg; Landmarkt Mo–Sa 9–20 Uhr, Sonn- und Feiertag 11–18 Uhr; Restaurant Sonne täglich 10–20.30 Uhr

■ **Preise:** Führung Gläserne Produktion Erwachsene 3 Euro, Kinder ab 6 Jahren 2,50 Euro

■ **Altersempfehlung:** Ab 4 Jahren

■ **Information:** Alb-Gold Teigwaren GmbH, Grindel 1, 72818 Trochtelfingen, Tel. 07124/929 11 55, www.alb-gold.de

■ **Einkehr:** Restaurant Sonne, Reservierung im Restaurant, Tel. 07124/929 11 56

Ein echter Geheimtipp in Oberschwaben ist der Besuch der Firma Alb-Gold. Im Kundenzentrum können sich die Besucher über die Spätzle – das schwäbische Nationalgericht – informieren. Hier erhält man auch interessante Hintergrundinformationen.

Ein besonderes Highlight ist der Besuch der neuen **Alb-Gold Nudelwelt** mit der begehbaren Makkaroninudel. Beim Besuch der Gläsernen Produktion erfahren Eltern und Kinder, wie die Rohstoffe angeliefert werden und woher sie stammen. Wie die Teigmischung hergestellt wird und wie der Trocknungsprozess abläuft, sind weitere Fragen, die eingehend beantwortet werden. Außerdem erfahren die Besucher, wie viele unterschiedliche Nudelformen hergestellt werden. Etwa 60 Minuten Zeit sollte man für die Führung einplanen. Am Wochenende und an Feiertagen finden allerdings keine Führungen statt.

An speziellen Terminen haben die Kinder die Gelegenheit an einem **Kochkurs** teilzunehmen. Drei Stunden lang köchelt es auf dem Herd. Dabei unternehmen die Kids eine kleine Reise in eine bestimmte Epoche der Zeitgeschichte.

Eine Kochschürze und Vorratsdosen sind mitzubringen. Wer von den Jungen und Mädchen an mindestens acht Kochkursen teilnimmt, erhält eine Urkunde als Anerkennung.

Auch die Erwachsenen dürfen sich im Kochkurs bewähren. Saisonale Themen und interessante Rezepte werden vorgestellt und gekocht. Tipps und Tricks werden den Hobbyköchen ebenfalls verraten. Eine rechtzeitige Anmeldung zu den Kochkursen ist empfehlenswert.

Wer nicht auf den Termin vom Kochkurs warten kann, sondern jetzt und gleich ein leckeres Essen genießen möchte, ist im **Nudelrestaurant SONNE** richtig. Original schwäbische Gerichte stehen neben Strozzapreti Spicy an Kokos-Currysoße und Gemüsestreifen oder Asiatischer Wokpfanne mit exotischem Gemüse und Hähnchenstreifen auf der Speisekarte. Die Kids können unter einem **Kindergericht** wie Albtroll-Nudeln Kubi mit Tomatensoße, Kinder-Kässpätzle oder auch Mini-Maultaschen mit Tomatensoße wählen. Zum Dessert gibt es Mohnschupfnudeln mit köstlichem Apfel-Zimt-Kompott und 1 Kugel Vanille-Eis, Schokonudeln mit heißen Waldbeeren und 1 Kugel Vanille-Eis oder einfach einen leckeren Eisbecher.

Im **Alb-Gold Landmarkt** können sich die Familien nochmal von der Vielfalt der Nudelsorten überzeugen. Neben den 150 verschiedenen Varianten werden auch Geschenkideen aus der Nudelwerkstatt, Backwaren, Obst und Eis angeboten.

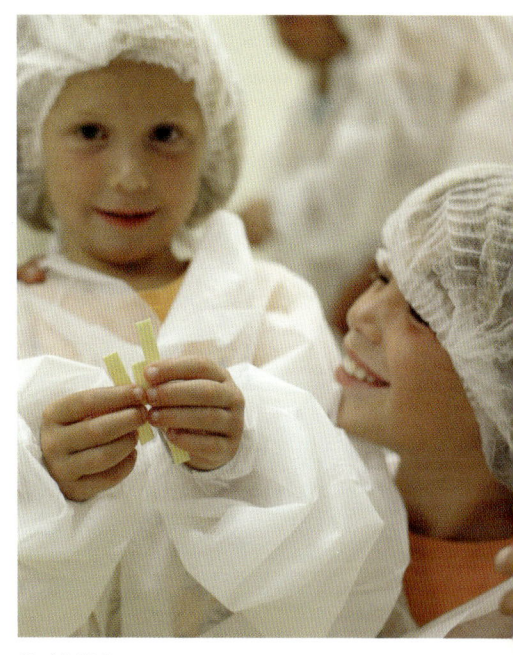

Nudelglück

31 Limesmuseum Aalen

Zu Besuch im Römermuseum

Das größte Römermuseum im Süden Deutschlands wirkt beeindruckend auf seine Besucher. Unter dem Motto »Spaß mit römischer Geschichte« ist Spannendes zur Besatzung des süddeutschen Raumes durch die Römer im 2. Jahrhundert nach Christus zu erfahren. Hier wird Geschichte wieder lebendig.

Das Limesmuseum Aalen ist das bedeutendste Römermuseum in Süddeutschland. Die Besucher sehen sich in der Ausstellung wundervoll restaurierte Waffenfunde wie Stoßlanzen und Schwerter an. Sie begutachten benagelte Sandalen oder schwere Kettenpanzer, wie sie einst von den Soldaten des römischen Heeres getragen wurden.

Auch Werkzeug und Geschirr, wie es in dieser Zeit von der Bevölkerung genutzt wurde, ist zu sehen. Goldschmuck, Silberschmuck und wohlgeprägte Münzen sind weitere Ausstellungsstücke. Sehr eindrucksvoll ist die 6,5 Meter hohe Säule zu Ehren des Gottes Jupiter, die aus Walheim stammt.

Umgeben ist das Römermuseum in Aalen von einem Freigelände. An dieser Stelle befand sich einst das größte römische Reiterkastell. Das Stabsgebäude mit dem gut erhaltenen Fahnenheiligtum wurde in mühevoller Arbeit von mehreren Jahren zur Besichtigung freigelegt. Ein **beschilderter Rundweg** führt die Entdecker zu den Gebäuderesten. Alle zwei Jahre finden auf dem Freigelände die Römertage-Festspiele statt.

Neben den Sonderausstellungen werden weitere Events im Limesmuseum Aalen veranstal-

■ **Anfahrt:** Auto: Von der Aalener Stadtgrenze der Beschilderung Richtung Stadthalle / Limesmuseum folgen. Öffentliche Verkehrsmittel: Vom Hauptbahnhof Aalen ca. 600 m zu Fuß oder mit dem Bus bis Haltestelle Steimlestraße.

■ **Öffnungszeiten:** Di–So 10–17 Uhr, Mo geschlossen, an Feiertagen auch montags geöffnet, 24./25. Dezember, 31. Dezember und 1. Januar geschlossen

■ **Preise:** Erwachsene 4 Euro, Kinder ab 6 Jahren 3 Euro, Familien 9,50 Euro

■ **Altersempfehlung:** Ab 5 Jahren

■ **Information:** Limesmuseum Aalen, St.-Johann-Straße 5, 73430 Aalen, Tel. 07361/528 28 70, www.museen-aalen.de

Römertage in Aalen

tet. Feriennachmittage für Familien, Tag der Offenen Tür, Frühjahrs-Museumsfest, Kinderferienprogramm oder auch Fotoausstellungen werden regelmäßig veranstaltet.

An jedem ersten Sonntag im Monat um 14.30 Uhr finden **öffentliche Führungen** statt. Die Führung dauert ca. eine Stunde. Neben dem normalen Eintritt wird keine weitere Gebühr für die Führung fällig. Eine vorherige Anmeldung zu den öffentlichen Führungen ist nicht notwendig.

2,5 bis 3 Stunden dauert der **Kindergeburtstag** im Limesmuseum. Kinder im Alter von sieben bis dreizehn Jahren unternehmen eine Kurzführung durch das Museum. Verkleidet als Römer mit Tunika, Toga, Kettenhemd, Schild und Helm erhalten die Kinder eine Vielzahl von wissenswerten Informationen. Eine Filmvorführung im Museumskino und ein kleines Geschenk für das Geburtstagskind sind in dem Paket enthalten. Wahlweise können die Kids römische Münzen gießen, römische Halsketten anfertigen, Limeswachttürme basteln oder auch den römischen Spieleparcours auf Herz und Nieren testen. Die Anmeldung des Kindergeburtstages sollte mindestens 14 Tage im Voraus erfolgen. Die Kosten betragen 65 Euro zzgl. 2 Euro pro Kind.

Tipp
In nur wenigen Minuten ist die Altstadt Aalens zu Fuß erreichbar. Eine hübsche Fußgängerzone mit kleinen Gässchen und Fachwerkhäusern lädt zum Verweilen, Schauen und Schlemmen ein.

32 Albaquarium Albstadt

Auf Augenhöhe mit der Mördermuschel

Das Albaquarium in Albstadt-Ebingen präsentiert eine facettenreiche Aquarien- und Terrarienschau. Freunde der Aquaristik werden begeistert sein: Fischarten aller Kontinente können hier bewundert werden.

Das Albaquarium in Albstadt besteht seit 1957 im Ortsteil Ebingen. Es ist deutschlandweit eines der ganz wenigen Schauaquarien, das unter Vereinsführung geleitet wird. Mittlerweile werden im Albaquarium mehrere Tierarten in über 40 **Terrarien und Aquarien** präsentiert. Eltern und Kinder können meeresbewohnende Korallen und Korallenfische bewundern. Darunter befinden sich Anemonen-, Falter- und Drückerfische sowie Kardinalbarsche und Muränen. Auch Seesterne, Seeigel, Garnelen oder Rotfeuerfische werden von den Besuchern entdeckt.

Sehr eindrucksvoll ist die **Riesenmuschel**, die auch als Mördermuschel bezeichnet wird. Sie ist die größte aller Muschelarten. Ihre Länge kann bis zu 1,40 Meter betragen. Dabei bringt sie ein Gewicht von bis zu 400 Kilogramm auf die Waage. Als Mördermuschel wird sie bezeichnet, weil sie angeblich nach Lebewesen schnappt und sie in die Tiefe zieht.

Darüber hinaus können Fische, die im Süßwasser vorkommen, beobachtet werden. Dazu zählen Schützenfische, Höhlenfische, Zitteraale oder auch Süßwasser-Stechrochen. Außerdem gibt es Piranhas, die bis zu 40 Zentimeter groß werden. Die normale Lebenserwartung der räuberischen Fische beträgt ca. 15 Jahre.

Nagetiere, aber auch **ausgewählte Reptilien**, sind weitere Tiere im Albaquarium. Neben Bar-

■ **Anfahrt:** Auto: Über die B 27 Richtung Balingen und die B 463 nach Albstadt-Ebingen. Öffentliche Verkehrsmittel: Vom Bahnhof Albstadt-Ebingen zu Fuß ca. 300 m direkt über die Grüngrafenstraße.

■ **Öffnungszeiten:** Januar bis Dezember jeweils Mo–Sa 14–17 Uhr, So 10–12 und 13 –17 Uhr

■ **Preise:** Erwachsene 4 Euro, Kinder 3–12 Jahre 2 Euro

■ **Altersempfehlung:** Ab 0 Jahren

■ **Information:** Aquarien- und Terrarienschau im Albquarium, Grüngrabenstraße 20, 72458 Albstadt, Tel. 07431/ 49 30, www.albaquarium.de

Kinderlieblinge

tagamen, dem Grünen Leguan und Geckos gibt es auch das Jemen-Chamäleon. Außerdem zählen Pfeilgiftfrösche, Insekten, Spinnen, Skorpione und Tausendfüßler zu den Bewohnern des Zoos.

Für Kinder immer wieder sehr interessant sind die Weißbüscheläffchen. Moritz und Susi mit ihren Jungen sorgen immer wieder für große Begeisterung. Von ihnen können sich die Kinder kaum trennen.

Hintergrundinformationen zu den einzelnen Tieren, ihrer Herkunft und ihren Besonderheiten bietet eine **Albaquariumführung**. Die Dauer der Führung beträgt ca. 45–90 Minuten. Der Preis wird individuell auf die Gruppengröße und darauf, ob die Führung am Wochenende oder unter der Woche stattfindet, abgestimmt. Bei Interesse sollte die Führung mindestens zwei bis drei Wochen im Voraus unter Tel. 07431/49 30 abgestimmt werden.

Ebenfalls im Ortsteil Ebingen ist das **Ebinger Heimatmuseum** ansässig. Eine Bürgerwohnung, wie sie typisch für die Zeit um 1900 war, und eine Sammlung zur Geschichte des Radios und der Fotografie sind die besonderen Attraktionen. Das Heimatmuseum befindet sich im Spitalhof 13 und hat am Sonntag und an Feiertagen von 14–17 Uhr geöffnet. Der Eintritt ist frei.

> **Tipp**
> Das Museum im Kräuterkasten zeigt naturkundliche Sammlungen einschließlich Fossilien und präsentiert in seiner Ausstellung die Vor- und Frühgeschichte der Ebinger Alb. Das Museum befindet sich im alten Ortszentrum des Stadtteils Ebingen, Im Hof 19. Öffnungszeiten: Mi, Sa, So, Feiertag 14–17 Uhr, Eintritt: 2 Euro, ermäßigt 1 Euro.

33 Kunsthalle Göppingen

Bedeutenden Kunstwerken begegnen

Wechselausstellungen internationaler Gegenwartskunst und der Klassischen Moderne können in der Kunsthalle Göppingen besucht werden. 1989 wurde sie als Städtische Galerie eröffnet. Zehn Jahre später erhielt das Museum den heutigen Namen.

Auf 1000 Quadratmetern werden interessante Kunstwerke präsentiert. Die regelmäßig stattfindenden Wechselausstellungen internationaler Gegenwartskunst und der Klassischen Moderne ziehen Besucher aller Altersklassen an. Zu jeder Ausstellung gibt es ein abwechslungsreiches, zielgruppenorientiertes Programm, das auf die speziellen Bedürfnisse der Besucher eingeht: Kindergartenkinder, Schüler, Jugendliche und Erwachsene, Menschen mit Migrationshintergrund oder behinderte Menschen.

Während einer **öffentlichen Führung** erhalten die Besucher Hintergrundinformationen zur derzeitigen Ausstellung. Sie erfahren Zusammenhänge und haben Zeit, sich mit den Werken auseinanderzusetzen. Fragen, die in der Führung aufkommen, werden durch die Mitarbeiter der Kunsthalle ausführlich beantwortet. Eine öffentliche Führung findet jeden Sonntag in der Kunsthalle und jeden zweiten Sonntag auf Schloss Filseck statt. Zudem wird an Feiertagen um 15 Uhr eine öffentliche Führung durch die aktuelle Ausstellung veranstaltet. Die öffentlichen Führungen sind kostenlos.

Auf die Kunstvermittlung wird in der Kunsthalle wirklich großen Wert gelegt. So haben auch die Kinder Gelegenheit, an kindgerechten Veranstaltungen teilzunehmen. Hier gibt es z. B. die

■ **Anfahrt:** Auto: Von der B 297 in die nördliche Ringstraße abbiegen und nach ca. 700 m links in die Marstallstraße. Mit der Bahn: Vom Bahnhof Göppingen ca. 600 m zu Fuß oder mit dem Bus 94 bis Markt/Christophstraße.

■ **Öffnungszeiten:** Di–Fr 13–19 Uhr, Sa, So 11–19 Uhr

■ **Preise:** Je nach Veranstaltung, öffentliche Führungen sind kostenlos

■ **Altersempfehlung:** Ab 4 Jahren

■ **Information:** Kunsthalle Göppingen, Marstallstraße 55, 73033 Göppingen, Tel. 07161/65 07 75 oder -776, www.kunsthalle-goeppingen.de

Kunst lädt zum Nachahmen ein.

Malzeit für Kinder. Nach einer Entdeckungstour durch die aktuelle Ausstellung erobern die Jungen und Mädchen das Atelier der Kunstvermittlung. Hier können sie selbstständig tätig werden und ihre eigenen Vorstellungen in die Praxis umsetzen. Es wird gebastelt, gemalt und gebaut. Eine Anmeldung sollte in der Regel bis 12 Uhr an dem Tag vor dem eigentlichen Termin erfolgen. Dafür steht den Familien die Telefonnummer der Kunstvermittlung 07161/65 07 95 zur Verfügung. Die Kosten betragen 5 Euro pro Kind. Die Malzeit für Kinder findet in der Regel samstags 11–13 Uhr, außer in den Schulferien, statt und ist für Kinder ab einem Alter von vier Jahren geeignet.

Einmal ganz anders **Kindergeburtstag** feiern – das macht auch die Kunsthalle Göppingen möglich. Vor dem Hintergrund der imposanten Werke wird der Kindergeburtstag sehr besonders. Die Kunstvermittler der Kunsthalle geben sich sehr viel Mühe beim Zusammenstellen eines individuellen Programms. Dieses enthält eine altersgerechte Führung durch die aktuelle Ausstellung. Hier werden dann auch ausgewählte Werke besonders unter die Lupe genommen. Im Anschluss setzen die Jungen und Mädchen ihre ganze Kreativität beim Workshop ein. Informationen sind unter der Telefonnummer 07161/65 07 95 erhältlich.

Tipp
Ergänzt wird das Programm Kunstvermittlung durch eine Vielzahl an Angeboten und Sonderveranstaltungen wie »Kunst und Literatur«, Vorträge, Filmabende, »Integrativ« und mehrere große museumspädagogische Sonderprojekte im Jahr.

34 Deutsches Peitschenmuseum

Ein altes Handwerk kennenlernen

Welche Geschichte hinter der Herstellung von Stockpeitschen steckt, lässt sich im Deutschen Peitschenmuseum in Killer ergründen. Jürgen Simmendinger rief das Museum im Jahre 1993 im ehemaligen Bahnhof ins Leben. Heute wird das Museum durch seinen Sohn weitergeführt.

Der kleine ehemalige Bahnhof eignet sich hervorragend als Räumlichkeit für das Deutsche Peitschenmuseum. Peitschen spielten in Killer im Killertal über Jahrhunderte eine große Rolle, denn hier wurden sie gefertigt. Sie waren damals ein wichtiges Utensil, um mobil zu sein und so entwickelte sich die Gemeinde zu einem Zentrum der Peitschenherstellung. Noch heute ist eine Peitsche im Ortswappen zu erkennen.

Der Enkel des letzten Peitschenmachers ließ die Tradition des Ortes in Form des Museums wieder aufleben. Nach ausgiebiger Renovierung des Bahnhofs war es 1993 endlich so weit und das Deutsche Peitschenmuseum konnte eröffnet werden.

In der **Wartehalle des ehemaligen Bahnhofs** und des heutigen liebevoll eingerichteten Museums finden Wechselausstellungen statt. Interessante Exponate aus Kunst und Kultur wie auch Miniatur-Holzmöbel, Traktoren, Oldtimer und historische Dokumente wie Bilder werden präsentiert.

Während eines Rundgangs sehen sich die Besucher Hunderte von Peitschenmustern und Peitschentypen an. Darunter befinden sich Originalpeitschen aus den Killerner Peitschenfa-

■ **Anfahrt:** Auto: Über die B 27 Richtung Hechingen und die B 32 Richtung Burladingen nach Killer. Öffentliche Verkehrsmittel: Vom Bahnhof Burladingen mit HzL 86334 zum Bahnhof Killer.
■ **Öffnungszeiten:** Jeden ersten Sonntag von Mai bis Oktober 10–17 Uhr
■ **Preise:** Erwachsene 1,50 Euro, Kinder haben freien Zutritt
■ **Altersempfehlung:** Ab 4 Jahren
■ **Information:** Deutsches Peitschenmuseum, Am Peitschenmuseum 1, 72393 Burladingen-Killer, Tel. 0700/19 93 19 93, www.peitschenmuseum.de
■ **Einkehr:** In der Cafeteria des Peitschenmuseums

Hier steht die Peitsche im Mittelpunkt!

briken, Peitschen aus aller Welt, aber auch Ohrenkappen, die vornehmlich von den Ehefrauen der Peitschenmacher hergestellt wurden. Weitere Exponate aus der damaligen Zeit sowie spannende Details über die Killerner Peitschenmacher können bewundert werden.

Sehr interessant ist die **Peitschenwerkstatt**. Im Ort werden bis zum heutigen Tage noch Peitschen hergestellt. Im Rahmen einer Führung haben Eltern und Kinder auch die Gelegenheit einer Peitschenherstellung beizuwohnen. Alle Maschinen und Werkzeuge sind voll funktionsfähig. So erfahren die Besucher etwas über den Schneidstuhl, die Hobelmaschine, Dämpfe, die Spinnmaschine, die Schleifmaschine, die Presse oder auch die Hartrohrmaschine und ihre Dienste, die sie bei der Peitschenherstellung verrichten.

Im **Museumsshop** können die Besucher einige außergewöhnliche Souvenirs erwerben. Die Mama interessiert die Geschichte des Peitschenmuseums? Da wäre das Buch »Die Geschichte der Peitschenmacher« von Jürgen Simmendinger das geeignete Mitbringsel. Wie wäre es denn mal mit Schnauzbartwichse für den Opa oder einer Hui-Hui-Maschine? Für Kinder gibt es sogar eine Kinderpeitsche mit Kreisel, während sich der Papa das Peitschenwässerle gönnt.

35 Ostereimuseum Sonnenbühl

Ein Mekka für Osterhasen

In einem ehemaligen Schulhaus befindet sich das Deutsche Osterei-museum in Sonnenbühl-Erpfingen. Auf zwei Etagen können zahlreiche Ausstellungsstücke bewundert werden. Beeindruckend sind die vielfältigen Farben, Techniken und auch Formen.

Das Deutsche Ostereimuseum in Sonnenbühl-Erpfingen zeigt eine beeindruckende Spezialsammlung, die nicht nur zur Osterzeit für die kleinen und großen Osterhasen interessant ist. Über tausend Exponate werden auf zwei Etagen in einem ehemaligen Schulhaus präsentiert. Kostenlos an der Kasse gibt es ein **Quiz** für die Kinder. Mit ihm können sie von Vitrine zu Vitrine gehen und eigenständig die Aufgaben lösen.

Während Eltern und Kinder die Ausstellungsstücke bewundern, lernen sie auch viel Interessantes über die Eierverzierkunst. Zu Beginn wird allerdings die Frage gestellt, was das Ei überhaupt mit Ostern zu tun hat. Um die richtige Antwort zu erfahren, müssen die Familien eine Reise durch Hessen, die Lausitz und ausgewählte Länder der Welt antreten. Wie werden die Eier in der Lausitz verziert? Was hat es mit verzierten Eiern, Osterpalmen und speziell gebackenen Broten auf sich? Was ist Osterbrauchtum und was hat das alles mit Religion zu tun? Diese und andere Fragen werden nach und nach in der Ausstellung anschaulich beantwortet.

Natürlich werden auch die Eier ausgiebig bewundert. Eier aus den russischen Goldschmiedewerkstätten und handbemalte Ikoneneier

■ **Anfahrt:** Auto: Von Reutlingen über die L382 oder Mössingen über die L230 nach Sonnenbühl. Öffentliche Verkehrsmittel: Von Reutlingen mit dem Bus 7635 nach Erpfingen.

■ **Öffnungszeiten:** März bis Juni jeweils Di–Sa 10–17 Uhr, So, Feiertag 11–17 Uhr, Juni bis Anfang November jeweils So 13–17 Uhr

■ **Preise:** Erwachsene 4 Euro, Kinder 2,50 Euro, Familien 10 Euro

■ **Altersempfehlung:** Ab 4 Jahren

■ **Information:** Ostereimuseum Sonnenbühl, Anna Barkefeld M. A., Steigstraße 8, 72820 Sonnenbühl-Erpfingen, Tel. 07128/774, www.sonnenbuehl.de

■ **Einkehr:** Landhotel Sonnenbühl, Egelsbergstr. 12, 72820 Sonnenbühl, Tel. 07128/928 30, www.land-hotel-sonnenbuehl.com

Die Geheimnisse des Ostereis ergründen

werden neben dem Coca-Cola-Ei oder dem Fußballei ausgestellt. Eier mit Tierbildern von Tieren aus Afrika, Schmetterlingen und Katzen gibt es ebenfalls zu entdecken.

Im Erdgeschoss befindet sich eine alte Schulbank. Hier können sich die Jungen und Mädels kreativ betätigen und ihr ganz eigenes Osterbild malen. Während der Osterzeit können an der Osterkasse hart gekochte Eier gekauft werden. Mit diesen Eiern wird Rugelbahn gespielt. Nach der Osterzeit gibt es Eier aus Holz gegen Pfand.

Neben **Malkursen für Kinder**, in denen sie die professionelle Eierverziertechnik kennenlernen können, finden auch spezielle Führungen für Kinder durch die Dauerausstellung statt. Informationen sind unter der Telefonnummer 07128/774 erhältlich.

Osterspiele, Eierlaufen und Eierrugeln werden zu **Kindergeburtstagen** veranstaltet. In einer fröhlichen Malrunde erfahren das Geburtstagskind und seine Freunde ganz nebenbei Wissenswertes zum Ei. Kindergeburtstage sind für Kinder im Alter von sechs bis zwölf Jahren geeignet. Eine rechtzeitige Anmeldung ist empfehlenswert.

> **Tipp**
> Jedes Jahr findet am Karsamstag von 14–16 Uhr österliches Backen für Kinder von ca. sechs bis zwölf Jahren statt. Für dieses Event ist eine Voranmeldung an der Museumskasse notwendig.

36 Kletterhalle Balingen

Immer an der Wand lang

In der Kletterhalle können sich Eltern wie auch Kinder so richtig aus-powern. Vorher gilt es aber sich mit den Sicherheitsregeln vertraut zu machen. Wer einfach mal das Klettern ausprobieren möchte, macht beim Schnupperklettern mit.

Die Kletterhalle Balingen gehört zu den größten Kletterhallen in Deutschland. Insgesamt stellt sie eine Kletterfläche von 1700 Quadratmetern zur Verfügung, wobei ihre Höhe etwa 15 Meter beträgt. Das Angebot ist vielfältig: neun Meter überhängende Wettkampfpfeiler, zwei bis zu zwei Meter überhängende Plaisierbereiche und zwei 15 m-Speedwände. Außerdem können ein Übungs- und Anfängerbereich sowie ein Boulderraum genutzt werden und es gibt zwei Selbstsicherungsanlagen, an denen kein Kletterpartner benötigt wird.

Wer das Klettern schon immer mal ausprobieren wollte, sich aber nicht sicher ist, ob die Sportart ideal ist, dem bietet sich die Möglichkeit beim **Schnupperklettern** mitzumachen. Am Donnerstag um 19 Uhr und 14-tägig Samstag und Sonntag um 10 Uhr findet das Kletterevent statt. Legere Sportkleidung und Turnschuhe sollten mitgebracht werden. Der Klettergurt wird vom Kletterzentrum zur Verfügung gestellt. Hier lernen die interessierten Kinder und Erwachsenen, was beim Anlegen des Klettergurtes und beim Sichern seines Partners zu beachten ist. Da die Teilnehmerzahl begrenzt ist, ist eine rechtzeitige Anmeldung sehr empfehlenswert. Der Preis für das Schnupperklettern beträgt 16 Euro für Kinder und Jugendliche unter 18 Jahren und 18 Euro für Erwachsene. Für

- ■ **Anfahrt:** Auto: Über die B 27 Richtung Balingen und L365 oder von Geislingen über die K7124 nach Ostdorf. Öffentliche Verkehrsmittel: Vom Bahnhof Balingen mit dem Bus 7433 nach Ostdorf.
- ■ **Öffnungszeiten:** Mo, Di, Mi, Fr 14–22.30 Uhr, Do 10–22.30 Uhr, Sa, So, Feiertag 10–21 Uhr, Ferien ab 10 Uhr
- ■ **Preise:** Erwachsene 11 Euro, Kinder 8 Euro
- ■ **Altersempfehlung:** Ab 5 Jahren
- ■ **Information:** Kletterzentrum Balingen – Die Ostwand, Am Bangraben 30, 72336 Balingen-Ostdorf, Tel. 07433/907 21 60, www.die-ostwand.de
- ■ **Einkehr:** Im Kletterzentrum

Früh übt sich …

das Schnupperklettern sollte man sich etwa 75 Minuten Zeit nehmen. Natürlich gibt es auch **Anfängerkurse**, bei denen die richtige Technik gelehrt wird. Wer schon fitter ist, kann sich in der Kletter- und Sicherungstechnik weiterbilden und einen oder zwei DAV-Kletterscheine im Rahmen eines Kurses erwerben. So gibt es z.B. den Kletterschein »Sicher Toprope-

Aller Anfang ist schwer.

klettern« oder auch »Sicher Vorsteigen«. Die Aktion Sicher Klettern wurde vom Deutschen Alpenverein ins Leben gerufen.

Kinder unter 14 Jahren müssen zum Klettern von einem Aufsichtsberechtigen begleitet werden. Sollten das nicht die Erziehungsberechtigten sein, ist es notwendig das Formular Aufsichtspflicht auszufüllen und in der Kletterhalle abzugeben.

Tipp

Weitere Kletterhallen:
- Kletterhalle Söflingen, Harthauserstraße 99, 89073 Ulm, www.dav-ulm.de/kletterhalle.html.
- Kletterhalle Aalen, Parkstraße 15 (Greut) , 73430 Aalen, Tel. 07361/76 09 09, www.kletterhalle-aalen.de.
- DAV Kletterzentrum Reutlingen, Rommelsbacherstr. 65, 72760 Reutlingen, Tel. 07121/988 55 64, www.kletterzentrum-reutlingen.de.

Kinder, die gar keine Lust auf das Klettern haben, gehen in den Eingang nebenan, wo sich die **Berolino Spielewelt** befindet. Während Papa in der Kletterhalle in die Höhe strebt, können die Kids rutschen, klettern und hüpfen oder sich einfach im Bällebad entspannen. Öffnungszeiten sind Montag, Mittwoch, Freitag 14–19 Uhr, Dienstag, Donnerstag, Samstag und Sonntag 10–19 Uhr. Der Eintritt kostet für Erwachsene 3,50 Euro und Kinder zwischen dem ersten und dritten Geburtstag 2 Euro. Kinder nach dem dritten Geburtstag zahlen 7,50 Euro an Schultagen und 9 Euro an schulfreien Tagen.

Boxenstop Tübingen 37

Ein lebendiges Museum

Das Boxenstop Museum in Tübingen ist ein Auto- und Spielzeugmuseum, das eine Sammlung hochwertiger Renn- und Sportwagen präsentiert. Seit seiner Eröffnung im Jahr 1985 wurde es immer wieder erweitert. Heute verfügt es über eine Ausstellungsfläche von ca. 850 Quadratmetern.

Das Museum gehört zu den ältesten privaten Museen Deutschlands. Zu seiner Eröffnung im Jahr 1985 verfügte es über eine Ausstellungsfläche von 200 Quadratmetern. Immer mehr Ausstellungsstücke kamen nach, und somit musste die Fläche immer weiter vergrößert werden.

70 Autos, Motorräder und Fahrräder werden im Boxenstop Museum den neugierigen kleinen und großen Besuchern gezeigt. Darunter befinden sich der Maserati 4 CL und der Bugatti 37, Rennsportwagen, Sportwagen von Ferrari, Ja-

Tipp

Jedes Jahr lädt Boxenstop zur Rallye für Youngtimer und Klassiker der Zukunft namens Starmaxx ein. Das MotoMobil Museumsfest oder die Rallyefahrerlehrgänge sind weitere interessante Events.

■ **Anfahrt:** Auto: In Tübingen den Wegweisern folgen. Öffentliche Verkehrsmittel: Vom Bahnhof Tübingen mit dem Bus 18 bis zur Haltestelle Wilhelmstraße.

■ **Öffnungszeiten:** Januar bis Oktober Mi–Fr 10–12 und 14–17 Uhr, Sa, So, Feiertag 10–17 Uhr, ab 9. Januar bis 25. März und 1. Januar (während der Eisenbahn-Sonderausstellung) Mi–Fr 10–12 und 14–17 Uhr, Sa, So 10–17 Uhr, 19.–23. Dezember geschlossen, 24. Dezember, 31. Dezember 10–14 Uhr, 25.–30. Dezember und 2.–8 Januar 10–17 Uhr

■ **Preise:** Erwachsene 6,50 Euro, Kinder 10–14 Jahre 5,50 Euro, Kinder 7–9 Jahre 3 Euro, Kinder bis 7 Jahre kein Eintritt, Familien 18,50 Euro

■ **Altersempfehlung:** Ab 3 Jahren

■ **Information:** Boxenstop – Auto- und Spielzeugmuseum, Brunnenstraße 18, 72074 Tübingen, Tel. 07071/929 00 oder 07071/55 11 22, www.boxenstop-tuebingen.de

■ **Einkehr:** Im Restaurant Rastelli

Vielen Kindern wohlbekannt …

guar, Porsche und der Mercedes Benz 300 SL. MV Agusta, BMW, Honda, Ducati, Norton mit ihren Ein-, Zwei- und Vierzylinder-Motoren sind unter den Motorrädern zu entdecken. Hier werden nicht nur Papas Augen größer. Alle Fahrzeuge sind fahrbereit und werden auch zu Events ausgefahren. Neben den Fahrzeugen gibt es auch Zubehör zu bewundern. Da glänzen z.B. Schuhe, die einst von einem echten Rennfahrer getragen wurden. Ab und zu begegnen den Eltern und den Kindern lebensgroße **Kinderpuppen** zwischen Exponaten. Das Schmunzeln ist an dieser Stelle groß, sobald sich das vermeintliche Kind als Puppe entpuppt.

Neben den Fahrzeugen zeigt das Boxenstop Museum den Kindern und ihren Eltern eine reichliche Auswahl von Spielzeug. Über 1000 Spielzeuge sind es mittlerweile. Auf einer Märklinanlage fahren die Züge durch die Landschaft, Puppen sitzen einträchtig in ihren Puppenhäusern und Flugzeuge und Schiffe bringen die Augen der Kinder zum Leuchten. Die Mainzelmännchen in Miniaturgröße, Marionetten, wie sie einst im Theater gespielt haben, kuschelige Bärchen oder auch der Boxenstop-Tante-Emma-Laden wirken faszinierend. Eine kleine Autowerkstatt wird durch eine Dampfmaschine zum Leben erweckt und an der Decke schwebt ein Segelflugmodell. Neben dem vielen Blechspielzeug gibt es auch Originalplakate und Emailschilder zu bestaunen.

Eine Pause gönnen sich die Eltern und Kinder im **Museums-Restaurant.** Auch hier wird es für die Kids nicht langweilig – die Tour de France fährt in einem Tisch des Restaurants Rastelli. Da geht die Zeit bis das Essen auf dem Tisch steht schnell vorbei. An jedem Sonn- und Feiertag lädt das Museumsrestaurant zu Kaffee und leckerem Kuchen ein. Das Restaurant wurde übrigens nach Enrico Rastelli, einem der größten Jongleure, benannt.

Kart-Challenge 38

Quietschende Reifen und starke Motoren

Brummende Motoren geben den Sound in der Indoor-Kartbahn an. Kleine und große Rennfahrer düsen so schnell sie können über den Belag der Rennstrecke. 3500 Quadratmeter Fläche gilt es bei Kart-Challenge zu erobern.

Auf der Indoor-Kartbahn ist immer etwas los. Es riecht nach starken Motoren und Gummi, nach Ehrgeiz, aber auch nach Fairness. Einer großen

In Startposition

■ **Anfahrt:** Auto: Von Tübingen oder Reutlingen über die B 28 bis Abfahrt Jettenburg. Danach den Hinweisschildern folgen. Öffentliche Verkehrsmittel: Vom Bahnhof Reutlingen-Betzingen mit dem Bus bis Haltestelle Jettenburg-Brunnenplatz.

■ **Öffnungszeiten:** Mo–Fr 16–23 Uhr, Sa und Feiertag 12–23 Uhr, So 10–22 Uhr

■ **Preise:** Rennkart 10 Min. 12 Euro; Rennkart 20 Min. 23 Euro, Jugendkart 10 Min. 9,50 Euro, Jugendkart 20 Min. 19 Euro

■ **Altersempfehlung:** Ab 8 Jahren

■ **Information:** Kart-Challenge, Reutlinger Straße 44, 72127 Kusterdingen-Jettenburg, Tel. 07071/93 72 42, www.kart-challenge.de

■ **Einkehr:** Bistro im Indoor-Kart

Vom Rennfieber gepackt

Anzeigetafel können Rundenzeiten und Tabellenplätze entnommen werden und eine original F1-Ampelschaltung sorgt für extra Fahrspaß.

Eine abwechslungsreiche Strecke steht den Fahrern zur Verfügung. In den speziellen Rennfahreranzügen, die kostenlos vor Ort ausgeliehen werden können, steigen die Kinder und Erwachsenen in ihre Karts. Bevor aber gestartet werden kann, werden die Rennfahrer in die Bedienung und Sicherheit der Karts eingewiesen. Für die Kinder gibt es eigene **Kinderkarts**. Die zehn Jugendkarts mit kleinerem Chassis und Motor (5,5 PS, gedrosselt) sind für Kinder ab acht Jahren und einer Mindestgröße von 1,30 m geeignet. Zudem gibt es noch zwei weitere für Jugendliche, die nicht mehr in die Kinderkarts passen, für die aber die Erwachsenenkarts zu schnell sind. Die Kinder können allein in einem Kinderkart fahren. Während der Fahrt werden sie von den Streckenposten besonders betreut. Die Erwachsenen steigen in Mach1-Karts der Firma Hetschel mit 6,5 PS Honda-Motoren ein. Diese sind für Jugendliche ab 15 Jahren geeignet.

Tipp

Weitere Rennbahnstrecken:
- Bavaria Kart, Daimlerstraße 13, 89312 Günzburg, www.bavaria-kart.de.
- Burgpark Ring, Beim Braunstall 11, 97980 Bad Mergentheim, www.kartbahn-mgh.de.
- F1 Motodrom, Raiffeisenstraße 8/1, 73249 Wernau, Tel. 07153/92 38 77, www.f1-motodrom.de.
- Kartion Karting & More, Robert-Bosch-Str. 10, 71116 Gärtringen, Tel. 07034/27 03 63, www.kartion.de.

Rücksichtsvolles Fahren beim Training

Wichtig für alle Rennfahrer ist es, sich mit den im Rennfahrersport üblichen Flaggen vertraut zu machen. Während eine schwarz-weiß karierte Flagge das Ende des Rennens anzeigt, steht die komplett schwarze Flagge für Disqualifikation. Gleich nach dem Start versuchen sich viele eine Spitzenposition zu sichern. Geschicktes Fahren auf dem speziellen Rennbelag aus Asphalt ist natürlich von Vorteil.

Maximal sind nicht mehr als zehn Karts unterwegs. Bei Rennen treten allerdings zwölf Konkurrenten gegeneinander an. Wer vor hat unter den ersten Plätzen namentlich zu stehen, der sollte bei einem extra Training mitmachen. Für Erwachsene gibt es einen Workshop, bei dem sie alle Kniffe für schnelleres Fahren erlernen. Kinder und Jugendliche im Alter von 8–18 Jahren können am **Youngster Training** teilnehmen. Hier erhalten sie Hintergrundinformationen rund um den Kartsport und können gemeinsam trainieren. Jeweils am Samstag von 11–13 Uhr findet dieses Angebot statt. Eine Anmeldung dazu ist unbedingt notwendig. Das **Schnuppertraining** richtet sich an die gleiche Altersgruppe. Die Kids befassen sich mit der Theorie zum Kart und lernen die Regeln kennen. Natürlich darf auch gefahren werden. Turnschuhe, Freizeitkleidung und, falls vorhanden, Sturmhaube/Helm sollten dazu mitgebracht werden. Auch bei diesem Angebot ist eine Anmeldung notwendig. Die Kosten betragen 20 Euro.

39 Märklin Erlebniswelt

Eisenbahnträume

Die neue Märklin Erlebniswelt beinhaltet das Märklin Museum, den Märklin Store sowie den Märklin-Kundenservice. Die Besucher sehen sich Produkte aus der über 145-jährigen Firmengeschichte an. 1000 Quadratmeter können ausgiebig erforscht werden.

In der Märklin Erlebniswelt erhalten die Besucher nicht nur Informationen zur Firmengeschichte, sondern sehen sich historische und aktuelle Spielwaren an. Darunter befinden sich auch viele Sammlerstücke, die so manches Gesicht zum Leuchten bringen. Besondere Ausstellungsstücke sind seltene Schiffsmodelle, eine Schwebebahn oder Dampfmaschinen. Aber auch die erste von Märklin hergestellte Modell-Lokomotive Storchenbein, das berühmte Krokodil oder die E 800 LMS sind zu entdecken.

Sehr beeindruckend sind die Modellbahnanlagen in der Märklin Erlebniswelt, auf denen etliche Züge ihre Runden drehen. Wie von Geisterhand halten die Züge plötzlich an, werden Weichen gestellt oder verschwinden Züge im Tunnel. Viele Jungen und Mädchen wünschen sich bei diesem Anblick, selber einmal eine solche digital gesteuerte Modellbahnanlage zu besitzen.

Ein weiteres Highlight ist die große Tunnel-Anlage des 3,10 Meter hohen Bergmassivs, die den Eltern und Kindern einen Durchgang und Einblicke in den Autotunnel und den Schattenbahnhofsbetrieb gewährt. Die Anlage, deren Programm digital gesteuert ist, misst 5,10 m und ist 12,40 m lang. Auf der H0-Modellbahn fahren interessante Züge vom Gläsernen Zug

■ **Anfahrt:** Auto: A 8 Ausfahrt Aichelberg und der Beschilderung nach Göppingen folgen. Innerhalb Göppingens dann der Beschilderung zum Märklin Museum folgen. Öffentliche Verkehrsmittel: Mit der Bahn bis Bahnhof Göppingen, dann mit Bus Linie 1 oder 6 zur Haltestelle Ulmer Straße/Reutlinger Straße.

■ **Öffnungszeiten:** Mo–Sa 10–19 Uhr, So 10–19 Uhr, an Feiertagen geschlossen

■ **Preise:** Der Eintritt ist frei

■ **Altersempfehlung:** Ab 3 Jahren

■ **Information:** Märklin Erlebniswelt, Ecke Ulmer-/Reutlinger Straße, 73037 Göppingen, Tel. 07161/60 82 89, www.maerklin.de

Eisenbahnträume

bis zum schweren Holztransport. Drei verschiedene Doppelgleisstrecken stehen ihnen dafür zur Verfügung. Für die Gestaltung der Landschaft wurden allein 1500 Bäume verwendet. Wer Zeit mitgebracht hat, kann ja mal nachzählen.

Im **Märklin Store** kann man eine Lok erwerben. Gleichzeitig wird Zubehör für die eigene Eisenbahnanlage zu Hause angeboten. Bei ihrem Kauf werden Eltern und Kinder natürlich fachkundig beraten. Außerdem werden im Fan-Shop Sonderprodukte präsentiert. Unter anderem ist hier der beliebte Museumswagen erhältlich.

Klassische Serviceleistungen wie Reparaturannahme und der direkte Verkauf von den am häufigsten benötigten Ersatzteilen werden im Service Point angeboten. Defekte Märklin- oder Trixmodelle, bei denen man nicht weiß, wo das Problem liegt, können einem kleinen Funktionstest unterzogen werden. Kleinere Schäden werden auch sofort behoben. Der Service Point hat von Montag bis Samstag in der Zeit von 10–18 Uhr geöffnet.

Tipp

Im Spielzimmer der Erlebniswelt finden die Kindergeburtstage statt. Nach einem abwechslungsreichen Programm mit einer Museums-Rallye, Spiel- und Bastelaktionen sowie dem Spielen an der Märklin- und der LGB-Anlage lassen sich die Kids die selbst mitgebrachten Speisen an der Geburtstagstafel schmecken. Eine zweistündige Geburtstagsfeier kostet pro Kind 5 Euro.

40 Kinder-Kunsthalle Tübingen

Kunstgenuss erfahren

Vielfältige Angebote rund um das Thema Kunst veranstaltet die Kinder-Kunsthalle Tübingen für den Nachwuchs. Ziel ist es, die Kinder zum eigenen künstlerischen Gestalten zu motivieren. Dabei werden auch die Ideen der Jungen und Mädchen berücksichtigt.

Die Kinder-Kunsthalle Tübingen bietet den Kindern im Alter von sechs bis vierzehn Jahren viele Gelegenheiten sich mit der Kunst auseinanderzusetzen. In den Programmen wird die Neugierde geweckt und das Sehen geschult. Ein weiterer Schritt ist es, die Fantasie der Kinder anzuregen und diese künstlerisch umzusetzen.

Außerdem gibt die Kinder-Kunsthalle Tübingen dem Nachwuchs die Gelegenheit, verschiedene **künstlerische Arbeitstechniken** aktiv kennenzulernen und sich selbst kreativ auszuprobieren. Durch eine altersgerechte Einführung in die aktuelle Ausstellung wird die Neugier der Kinder geweckt, ihr Auge für künstlerische Verfahren und Inhalte geschult und die Fantasie angeregt. In der anschließenden Kunstpraxis setzen sie ihre Ideen und Vorstellungen in der **Werkstatt der Kinder-Kunsthalle** aktiv um. Der Gestaltungsvielfalt sind keine Grenzen gesetzt: Die Jungen und Mädchen zeichnen Comics oder Tiere, üben sich in der Mischtechnik von Farben und verwenden die neu entstandenen Farbtöne in ihren Bildern an der Staffelei. Alte Schachteln und Dinge, die sonst im gelben Sack landen, werden zu fantastischen Wesen und Figuren, die noch nie zuvor ein Mensch gesehen hat. In der Tonwerkstatt entstehen matschige Monster und andere Figuren – je nach Kursangebot.

■ **Anfahrt:** Auto: Über die B 27 oder B 28 nach Tübingen, dann weiter auf den Nordring. Öffentliche Verkehrsmittel: Vom Bahnhof mit dem Bus bis Haltestelle Haydnweg.

■ **Öffnungszeiten:** Januar bis Dezember Di 10–19 Uhr, Mi–So 10–18 Uhr

■ **Preise:** Eintritt Kunsthalle Erwachsene 9 Euro, Schüler 3 Euro; Workshops abhängig vom Kursangebot

■ **Altersempfehlung:** Ab 5 Jahren

■ **Information:** Kinder-Kunsthalle, Philosophenweg 76, 72076 Tübingen, Tel. 07071/969 10, www.kinderkunst-halle.de

■ **Einkehr:** Cafeteria in der Kunsthalle

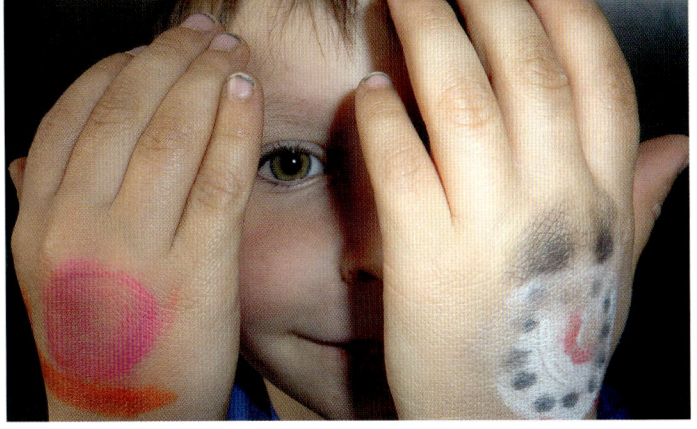

Künstlerischen Ideen freien Lauf lassen

Unter dem Titel »Immer wieder Samstags« lernen die Mädchen und Jungen zu jedem Termin immer wieder Neues und setzen sich mit zahlreichen Materialien auseinander. Drei Stunden lang verwandeln sie Plastikabfälle in ausgefallene Figuren, malen an der Staffelei, entwickeln eine eigene Modekollektion auf dem Papier oder stellen wunderbare Figuren aus Ton her. Die sechs- bis vierzehnjährigen Kinder dürfen auch mit Pastellkreiden malen. Währenddessen erledigen die Eltern Wochenendeinkäufe oder genießen ihren Kaffee in dem stilvollen Ambiente der Kunsthalle Tübingen. Eine rechtzeitige Anmeldung zu dem Kurs ist unbedingt erforderlich.

Die **Ferienworkshops** sind ebenfalls sehr spannend. Je nach Altersklasse und aktuellem Ausstellungsthema in der Kinder-Kunsthalle erstellt der Nachwuchs ganz eigene Entwürfe. Aus Zeitungspapier, Tesakrepp und Strümpfen entstehen wunderbare Skulpturen und außergewöhnliche Bilder mithilfe von Folien und anderen Materialien. Die Inhalte der Ferienkurse sind vielfältig und immer spannend. Kinder im Alter von sechs bis vierzehn Jahren finden mit Sicherheit einen Workshop, der ihnen zusagt. Die Anmeldung zu den Kursen in der Kinder-Kunsthalle sollte mindestens zehn Tage vorher erfolgen.

Tipp

Ein erlebnisreiches Event sind die Kindergeburtstage in der Kinder-Kunsthalle Tübingen. Alle angebotenen Kurse und noch viele weitere Themen können Inhalte der Geburtstagsfeier sein. Die Dauer eines Kindergeburtstages beträgt ca. drei Stunden und ist für sechs- bis zwölfjährige Mädchen und Jungen geeignet. Mindestens fünf Gäste sollte das Geburtstagskind in die Kinder-Kunsthalle mitbringen.

41 Aalener Urweltmuseum

Reise in die Vergangenheit

Das größte städtische Museum für Geologie und Paläontologie in Baden-Württemberg ist das Urweltmuseum Aalen. Es wurde bereits 1977 eröffnet und gibt seither seinen Besuchern einen eindrucksvollen Einblick in die Entstehungsgeschichte der Region.

Familien, die sich für Paläontologie interessieren, erhalten im Urweltmuseum Aalen spannende Informationen. Die Sammlung des Museums verteilt sich auf drei Etagen. Eltern und Kinder erfahren Wissenswertes zum Aufbau des schwäbischen Schichtstufenlandes und werden über fossile Organismen informiert. Im Eingangsbereich befindet sich eine **Geologische Zeittafel**, die durch das Museum leitet.

Schautafeln vermitteln anschaulich Grundkenntnisse aus dem Bereich der Geologie. Besonders spannend für die Kinder sind die Versteinerungen. Saurier, Tintenfische, Seelilien oder Riesenammoniten können als Versteinerung betrachtet werden. Insgesamt sind es über 1500 Fossilien, die unter anderem aus der Sammlung des bekannten Aalener Naturforschers Fritz Sauter stammen.

In einem weiteren Raum des Urweltmuseums Aalen beschäftigen sich Eltern und Kinder mit dem Schwarzen Jura oder Lias. Gemeinsam sehen sie sich eine Platte an, die Rippelmarken zeigt. Solche können auch noch heute durch Wellenbewegung im Wasser entstehen. Darüber hinaus können Platten mit Liegespuren von Seesternen oder mit Abdrücken von Regentropfen im Strandsediment betrachtet werden. In einer Vitrine werden ganz spitze **Haifischzähne** und Ammoniten präsentiert. Ausgewählte Funde stammen aus dem Aalener Stadtteil Triumphstadt.

■ **Anfahrt:** Auto: Über die B 29 nach Aalen, dann Richtung Stadtmitte. Öffentliche Verkehrsmittel: Vom Bahnhof ca. 200 m zu Fuß zum Marktplatz/Rathaus.

■ **Öffnungszeiten:** Di–So 14–17 Uhr, feiertags geöffnet

■ **Preise:** Erwachsene 2 Euro, Kinder 1,50 Euro

■ **Altersempfehlung:** Ab 6 Jahren

■ **Information:** Urweltmuseum Aalen, Reichsstädter Straße 1, 73430 Aalen, Tel. 07361/65 56, www.urweltmuseum-aalen.de

Eingehende Betrachtungen

Neben **Führungen und Exkursionen**, bei denen die Besucher selbst einmal Fossilien sammeln können, werden praktische Arbeiten und auch **Kindergeburtstage** veranstaltet. Der Kindergeburtstag Im Banne der Urzeit ist für Kinder im Alter von sieben bis dreizehn Jahren geeignet. Das rund zweistündige Programm lässt keine Langeweile aufkommen. Nach einer Kurzführung durch das Museum betätigen sich die Kids bei einer Bastelaktion z.B. im Ammonitengießen oder Saurierbasteln. Edelsteingießen sowie eine geheimnisvolle Turmbesteigung stehen ebenfalls auf dem Programm. Eine Filmvorführung und Getränke für die Jungen und Mädchen sind weitere Bestandteile des Kindergeburtstages. Die Kosten für den Kindergeburtstag betragen 60 Euro zzgl. 1,50 Eintritt pro Kind. Mindestens 14 Tage vor dem eigentlichen Termin sollte der Geburtstag im Urweltmuseum unter der Telefonnummer 07361/65 56 angemeldet werden.

> **Tipp**
>
> Im Museum-Shop erhalten die Kinder einen Mal- und Bastelbogen. Außerdem können schöne Fossilien und Mineralien der Schwäbischen Alb sowie Fachliteratur zur Geologie und Fossilienkunde und geologische Karten erworben werden.

42 Meteorkratermuseum

Einen Meteoriteneinschlag erforschen

In einem Meteoritenkrater befindet sich das Meteorkratermuseum. Das Steinheimer Becken ist Teil des GeoParks Schwäbische Alb. Hier erhalten die Besucher nicht nur Informationen zum Meteoriteneinschlag, sondern auch zu weiteren interessanten Ausflugspunkten.

Durch einen Meteoriteneinschlag ist der Krater, in dem das Museum zu finden ist, entstanden. Das Meteorkratermuseum ist eines von weltweit fünf Museen, die sich mit Meteorkratern beschäftigen. Im Meteorkratermuseum erhalten die Besucher wissenswerte Informationen zur Geschichte des Steinheimer Beckens.

■ **Anfahrt:** Auto: Von Heidenheim über die B 466, dann L1165 Richtung Steinheim nach Sontheim. Öffentliche Verkehrsmittel: Vom Bahnhof Heidenheim mit dem Bus bis Haltestelle Sontheim/Burgstall.

■ **Öffnungszeiten:** März bis Oktober jeweils Fr 13–17 Uhr, Sa, So, Feiertag 10–17 Uhr

■ **Preise:** Erwachsene 2,50 Euro, Kinder 1,50 Euro, Familien 6 Euro

■ **Altersempfehlung:** Ab 5 Jahren

■ **Information:** Meteorkratermuseum in Steinheim am Albuch, Hochfeldweg 5, 89555 Steinheim am Albuch, Tel. 07329/960 60, www.steinheim-am-albuch.de

Im Mittelpunkt der Ausstellung steht die Geschichte des Meteoriteneinschlages. Zudem widmet sie sich typischen Gesteinen und Fossilien des damaligen Kratersees. Dadurch erhalten Eltern und Kinder einen faszinierenden Einblick in das Leben vor 14 Mio. Jahren. Sie erfahren Wissenswertes über die Organismenvielfalt und die damaligen Lebewesen. So bewundern sie den Panzer und das Skelett einer **Schnappschildkröte** oder auch Fossilfunde von millimetergroßen Muschelkrebsen bis zu elefantengroßen Rüsseltieren.

Ein weiterer Höhepunkt der Ausstellung ist ein Videofilm. In ihm wird eine **Simulation des Meteoriteneinschlages** gezeigt. Dies veranschaulicht die Größe des Brockens, der einen Durchmesser von ca. 80 bis 100 Metern hatte und 900 000 Tonnen schwer war. Gebannt sehen sich die Besucher den Film an und erfahren, welche Auswirkungen ein solcher Meteoriteneinschlag auf das Leben auf der Erde hat.

In einem Diorama können die Besucher die durch den Einschlag entstandene Seenlandschaft erkennen. Außerdem ist die entstandene Pflanzen- und Tierwelt sehr beeindruckend.

Der Spaziergang auf dem geologischen **Lehrpfad** ist eine lohnenswerte Ergänzung zum Besuch des Museums. Der drei Kilometer lange Weg führt durch das Steinheimer Becken. Dreizehn geologische Punkte laden zum Verweilen ein. Hier wird noch mal anschaulich vertieft, was die Besucher vorher im Meteorkratermuseum erfahren haben. Der Weg ist durch rote Pfeile gekennzeichnet und beginnt am Meteorkratermuseum.

Als Infostelle des GeoPark Schwäbische Alb können sich die Eltern und Kinder im Meteorkratermuseum Steinheim über weitere Ausflugsziele informieren. In der Nähe von Steinheim gibt es beispielsweise das **Riff-Museum in Gerstetten**, in dem die regionale Geologie präsentiert wird. Außerdem gibt es hier eine Ausstellung von Fossilien aus allen Erdzeitaltern und eine mineralogische Abteilung. Hauptaugenmerk wurde auf Fossilien aus den oberjurassischen Korallenkalken von Gerstetten und Nattheim gelegt. Geöffnet hat das Museum an Sonn- und Feiertagen von 10–17 Uhr (März bis Oktober). Es befindet sich im historischen Bahnhof Gerstetten. Mehr Informationen sind unter www.gerstetten.de zu finden.

Ein versteinerter Fisch

111

43 Dorfmuseum Melchingen

Feiner Geheimtipp

Ein echter Geheimtipp ist der Besuch des Dorfmuseums in Melchingen. Das Museum befindet sich in einem über 200 Jahre alten Fachwerkhaus. In einer Führung erhalten die Besucher wertvolle Informationen zum Leben und Arbeiten in längst vergangenen Zeiten.

Nördlich von Burladingen befindet sich der kleine Ort Melchingen. Umgeben von Wiesen und Wäldern bietet der Ort für Erholungssuchende eine Vielzahl von Wandermöglichkeiten. Aber auch Sehenswürdigkeiten sind zu finden, unter ihnen ist das Dorfmuseum, das sich in einem alten Fachwerkhaus befindet.

Das Häuschen mit Wohn- und Schlafbereich, Küche, Tenne, Speicher und Heuboden sowie Webstube vermittelt großen und kleinen Besuchern eindrucksvoll das Leben und die Arbeit auf der Schwäbischen Alb um 1900. Das genaue Alter des Hauses ist unbekannt – allerdings soll es schon im Jahr 1750 in dem Ort gestanden haben.

Im Inneren des Fachwerkhauses wird es für die Kinder und ihre Eltern sehr spannend. Im Wohnzimmer sehen sie sich an, wo einst die Menschen gelacht, gegessen und zusammen gesessen haben. Im Webraum können sie einen Webstuhl, ein Spinnrad und andere Geräte für die Textilverarbeitung bestaunen. Darunter befindet sich z.B. eine spezielle Schere für die Schafschur. Aber nicht nur Ansehen ist erlaubt. Hier dürfen die Gegenstände berührt und auch ausprobiert werden. So dreschen die Jungen und Mädchen den Flachs, betätigen sich an der Webbank und nehmen die Werkzeuge genau

---

■ **Anfahrt:** Auto: Über die B 27 Richtung Mössingen und L385 nach Melchingen. Öffentliche Verkehrsmittel: Vom Bahnhof Burladingen mit dem Bus bis zur Haltestelle Melchingen/Rathaus.

■ **Öffnungszeiten:** Januar bis Dezember nach vorheriger Vereinbarung bei Herrn Maichle, Tel. 07126/351, oder Herrn Ott, Tel. 07126/382

■ **Preise:** Erwachsene 1 Euro, Kinder 0,50 Euro

■ **Altersempfehlung:** Ab 4 Jahren

■ **Information:** Dorfmuseum Melchingen, Museumsgasse 1, 72393 Burladingen-Melchingen, Tel. 07126/922 30, www.burladingen.de

■ **Einkehr:** Eis-Café Venezia, Josengasse 11, 72393 Burladingen, Tel. 07475/71 81

Den Webstuhl ausprobieren

unter die Lupe. Nebenbei erfahren die Besucher, wer sich in den Webstuben im Winter etwas verdiente oder warum sie Lichtstuben genannt wurden. Hier traf sich auch die Jugend, um gemeinsam zu singen oder um gemeinsam »d`Leut durchzuhechseln«.

Wie früher die Flachsverarbeitung in Melchingen betrieben wurde, kann auf dem Boden über dem Webraum erkundet werden. Im Heuboden dagegen können die Fans von großen Geräten Wagen, Pflüge und Eggen bewundern. Zudem gibt es eine hölzerne Badewanne, die gerade bei Kindern für staunende Gesichter sorgt.

Im Anschluss an den Besuch des Heimatmuseums ist die Erkundung der **Ruine Hohenmelchingen** empfehlenswert. Die Burg wurde im Jahr 1344 das erste Mal urkundlich festgehalten und später als Burgstall umgestaltet. Heute sind nur noch die Reste von Burgfrieden, den Wachtürmen oder des Hauptgebäudes sichtbar. Trotzdem ist der Spaziergang zur Ruine für die Kinder immer wieder sehr abenteuerlich.

Zu erreichen ist die Ruine Hohenmelchingen vom ersten Brunnen in der Ortsmitte über den AV-Weg, der durch ein gelbes Dreieck markiert wurde. Vorbei am Feuerwehrhaus geht es bergauf bis zur Ruine.

44 Ulmer 3-Generationen-Uni
Studentenleben im Kleinformat

Neugierige Kinder können ihren Wissensdurst an der Universität Ulm stillen. Die Ulmer 3-Generationen-Uni, auch u3gu genannt, beeindruckt mit spannenden Angeboten.

Wissenschaftler der Universität Ulm bringen Kindern ab der 5. Klasse die Naturwissenschaften nahe. Dabei werden sie von Senioren unterstützt. Für die Kinder entsteht so echtes Universitätsfeeling.

■ **Anfahrt:** Auto: Von der A 8 Ausfahrt Ulm-West, weiter auf der B 10 bis Ausfahrt Universitäten/Wissenschaftsstadt. Öffentliche Verkehrsmittel: Vom Hauptbahnhof Ulm mit dem Bus 3 bis Haltestelle Universität Süd.

■ **Öffnungszeiten:** Januar bis Dezember

■ **Preise:** Je nach Veranstaltung

■ **Altersempfehlung:** Kinder der 5. oder 6. Klasse

■ **Information:** Ulmer 3-Generationen-Uni (u3gu) an der Universität Ulm, Kinder erforschen Natur- und Technikwissenschaften, Zentrum für Allgemeine Wissenschaftliche Weiterbildung (ZAWiW), Albert-Einstein-Allee 11, 89081 Ulm, www.zawiw.de

■ **Einkehr:** Während des Science Camps in der Mensa

Wie im wirklichen Studentenleben steht den Kindern eine Reihe von **Vorträgen** zur Auswahl. Sie haben die Möglichkeit sich mit Themen wie »Vom Molekül zur Medizin«, »Lang lebe die Königin! Einblicke in das geheimnisvolle Leben im Bienenstaat« oder »Companion-Technologie: Endlich werden technische Geräte wirklich benutzerfreundlich!« zu beschäftigen. Die Jungen und Mädchen hören nicht nur andächtig den Dozenten und Dozentinnen zu. Aufkommende Fragen dürfen natürlich auch gestellt werden und werden kinderfreundlich beantwortet. Die jeweils aktuellen Themen können der Webseite www.u3gu.de entnommen werden. Eine Anmeldung zum jeweiligen Vortrag unter E-Mail info@u3gu.de oder Fax 0731/502 34 97 ist notwendig, um genügend Platz im Hörsaal bereitzuhalten. Die Vortragsreihe ist für Kinder im Alter von zehn bis dreizehn Jahren geeignet.

Ein weiteres Angebot sind die **Science Camps** im Sommer. Eine Woche lang strömen bis zu 100 Kinder täglich an die Universität Ulm. Senioren der Ulmer 3-Generationen-Uni und Lehramtskandidaten begleiten das Projekt. Die Kin-

Die Universität zum Anfassen

der experimentieren, forschen und entdecken die Universität. Zusammen mit anderen Kindern arbeiten sie in kleinen Gruppen. Dabei werden Jungen und Mädchen allerdings getrennt. Sie werden von älteren Erwachsenen, den sogenannten Senior Consultants, betreut, die ihnen auch beim Experimentieren mit Rat und Tat zur Seite stehen.

Ein Tag beim Summer Science Camp beginnt um 8 Uhr und endet etwa um 17 Uhr. Wie für echte Studierende gibt es auch für den wissenschaftlichen Nachwuchs das Essen in der Mensa. Um in das Summer Science Camp aufgenommen zu werden, müssen die Kinder eine Bewerbung in Form einer Zeichnung, eines Textes, einer Collage oder einer Bastelarbeit eigenständig erstellen.

Ähnlich wie im Summer Science Camp findet unregelmäßig in den Faschingsferien oder Osterferien ein Science Camp statt. Auch hier ist eine rechtzeitige Anmeldung entscheidend. Empfehlenswert ist deswegen der regelmäßige Blick auf die Webseite oder Interessierte nutzen die Möglichkeit, sich in eine Mailingliste eintragen zu lassen. Eine Mail an info@u3gu.de ist ausreichend.

45 Kindertheater

Findus, Kasperl und all die anderen …

Immer wieder ein Erlebnis ist der Besuch eines Kindertheaters. Ob Schauspiel, Marionettentheater oder das Stabpuppenspiel – das Angebot ist vielfältig. Wer möchte, kann sich auch einmal selbst auf der Bühne beweisen und in eine witzige oder charakterstarke Rolle hineinschlüpfen.

Spannung und Action – live!

■ **Anfahrt:** Auto: Über die B 28 oder B 312 nach Reutlingen. Öffentliche Verkehrsmittel: Vom Bahnhof Reutlingen-West mit dem Bus bis Haltestelle Alteburgstraße.
■ **Preise:** Erwachsene 6,50 Euro, Kinder 5,50 Euro
■ **Altersempfehlung:** Ab 3 Jahren
■ **Information:** Theater PATATI-PATATA, Grillparzerstr. 4, 72762 Reutlingen, Tel. 07121/242 02, www.theaterpatati.de

Theater Patati-Patata in Reutlingen

Das mehrfach ausgezeichnete Theater präsentiert den Kindern und ihren Eltern Stücke, die sich mit dem Alltag auseinandersetzen. Themen wie Freundschaft und Neid, Angst, Einsamkeit, der Wunsch jemand anderes zu sein oder auch Sehnsucht werden berührt. Die Stücke sind bereits zum Teil für Kinder ab drei Jahren geeignet wie »Alex und die gelbe Maus«, in dem es um die echte Freundschaft geht. Eindrucksvoll sind auch die Stücke für die Großen. Für Kinder ab vier Jahren stehen Stücke wie »Fuchs, der Geiger« oder auch das Stück »FlussPferde« von Anneli Mäkelä auf dem Programm. Kinder ab fünf lauschen dem witzigen Erzähltheater »Unterwegsgeschichten – Flöhe auf Reisen« oder auch dem poetischen Märchen zwischen Schauspiel, Musik und Malerei »Die Werkstatt der Schmetterlinge«. »Donnerwätter – Lindas Engel«, »Gustav, der Flugradbauer« und »Glaube Liebe Macht – Glaube Liebe Geld« (Nathan Global frei nach Motiven aus »Nathan, der Weise« von Lessing, spielen sich in die Herzen des Publikums.

Im Kindertheaterclub können die Kinder ihr schauspielerisches Talent unter Beweis stellen.

»Die Nachtigall«

Der TeenieTheaterTreff (TTT) und die Theaterwoche für Kinder bieten ebenfalls ein Angebot, sich auszuprobieren.

Topolino Figurentheater in Neu-Ulm

Neben den öffentlichen Vorstellungen, die von September bis Mai in der Musikschule in Neu-Ulm stattfinden, bietet das Kindertheater auch Gastspiele für Kindergärten, Schulen und Bibliotheken an.

Seit mehr als 20 Jahren beeindruckt das Spiel der Marionetten und Stabpuppen, Klappmaul- und Tischfiguren die Kinder. Auf dem Spielplan stehen Stücke wie »Wie Petterson zu Findus kam«, »Der Räuber Hotzenplotz« oder auch »Pippi Langstrumpf«.

■ **Anfahrt:** Auto: Über die B 10 oder B 28 und Schützen- oder Ringstraße Richtung Neu-Ulm Bahnhof. Öffentliche Verkehrsmittel: Vom Bahnhof Neu-Ulm ca. 250 m zu Fuß.

■ **Vorstellungstermine:** September bis Mai

■ **Preise:** Pro Person ab 2 Jahren 5 Euro, Geburtstagskinder haben freien Eintritt

■ **Information:** Topolino Figurentheater in Neu-Ulm, Gartenstraße 13, 89231 Neu-Ulm, Tel. 0731/71 38 00, www.topolino-figurentheater.de

Kinder- und Jugendtheater vom LTT in Tübingen

Das Kinder- und Jugendtheater vom Landestheater Württemberg-Hohenzollern in Tübingen (LTT) spricht die Gefühle des Nachwuchses an. In den modernen Inszenierungen für Kinder ab sechs Jahren kommen Probleme und Sorgen zum Ausdruck. Neben dem Familienstück »Das Weite suchen, das Weite finden – unterwegs I & II« und »Nichts – was im Leben wichtig ist« nach dem Roman von Janne Teller stehen auch »Nina und Paul« oder »Kein Tag ohne Hahn« für Kinder ab sieben Jahren auf dem Programm.

Selbst einmal auf der Bühne zu stehen wird im Theater zur Wirklichkeit. Ausprobieren können sich die Kinder in der Kinderspielgruppe. Über den kostenlosen Besucherclub des Kinder- und Jugendtheaters (ballnus@landestheater-tuebingen.de) werden die Kids aktuell über Angebote zum Mitmachen informiert. Theaterführungen, Nachbereitungsgespräche, Theater im Klassenzimmer oder auch das Kindertheaterfest sind weitere Angebote.

Karten für das Kinder- und Jugendtheater können bequem über die Webseite und über die Theaterkasse unter der Telefonnummer 07071/ 931 31 49 reserviert werden.

■ **Anfahrt:** Auto: Über die B 27 und B 28 nach Tübingen auf die Reutlinger Straße. Öffentliche Verkehrsmittel: Vom Hauptbahnhof Tübingen ca. 200 m zu Fuß oder mit dem Bus bis Haltestelle Landestheater.

■ **Vorstellungstermine:** Januar bis Dezember (siehe Spielplan)

■ **Preise:** Erwachsene 10 Euro, Kinder ab 4,50 Euro

■ **Altersempfehlung:** Ab 6 Jahren

■ **Information:** LTT Kinder- und Jugendtheater in Tübingen, Eberhardstraße 6, 72072 Tübingen, Tel. 07071/159 20, www.landestheater-tuebingen.de

Eine poetische Geschichte

Faszinierende Vorstellungen im Theater Patati Patata

Kindertheater Ätschagäbele

Clowntheater für Kinder steht auf dem Spielplan des Kindertheaters Ätschagäbele. Das Theater wurde im Jahr 1985 von Stefan Hallmayer und Eberhard Schillinger gegründet. Seither begeistert es an vielen Orten Jungen und Mädchen. Der Clown steht bei dem Kindertheater natürlich im Mittelpunkt. Immer wieder erobert er mit seinen Späßen und seiner Tollpatschigkeit den Nachwuchs. Die Stücke wie »Niemando«, »Das Fahrrad« oder auch »Wer hat Angst vorm …« sind zum Teil für Kinder ab drei Jahren geeignet. Über die Webseite kann man sich informieren, wo in nächster Zeit die Clowns auf der Schwäbischen Alb gastieren.

■ **Altersempfehlung:** Ab 3 Jahren
■ **Information:** Kindertheater Ätschagäbele, Eberhard Schillinger, Schloßrainstr.43, 72525 Münsingen-Hundersingen, Tel. 07383/94 38 64, www.aetschagaebele.de

*Sprudelnder Badespaß im
Spaß- und Erlebnisbereich*

Schwimmbäder
und Badeseen

46 Freibäder und Seen

Die schönsten Bademöglichkeiten in der Region

Sobald die Temperaturen steigen und die Sonne ihr ganzes Können zeigt, zieht es auch die Zweibeiner in und an das Wasser. Freibäder und Badeseen öffnen ihre Türen und halten eine breite Palette an Attraktionen bereit. Der Sommer-Bade-Spaß kann beginnen.

Freibäder

■ **Christian-Schmidbleicher-Freibad, Mühlweg 16, 89143 Blaubeuren**
Umgeben von viel Grün genießen Kinder und Eltern die Abkühlung im Wasser. Wasserrutsche, Sprungturm, Wasserpilz, Bodensprudler und Na-

Sommerspaß im Erlebnisfreibad Mössingen

Wasserfreuden mit Freunden

ckendusche versüßen den Aufenthalt. Außerhalb des Wassers entdecken die Kids einen Kinderbereich und Matschplatz.

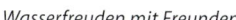 **Erlebnisfreibad Ehingen, Uhlandstraße 35, 89584 Ehingen**

Mitte Mai bis Anfang September hat das Freibad von 9–20 Uhr geöffnet. Attraktionen wie die 55 m lange Riesenrutsche mit großem Kinder-Fun-Bereich und Matschlandschaft, ein Sprungturm mit 5-Meter-, 3-Meter- und 1-Meter-Brett, Strömungskanal mit Ruheflächen sowie Wasserkaskade, Bodenblubber und Wandmassagedüsen lassen die Zeit schnell vergehen. Für sportliche Aktivitäten gibt es das Beachvolleyballfeld, ein überdachtes Fußballfeld und den Basketballplatz.

Erlebnisfreibad Mössingen, Freibadstraße 1, 72116 Mössingen

Eine 93 Meter lange Großrutsche steht im Mittelpunkt des Interesses. Zudem bietet das Bad einen Sprungbereich mit 1-Meter- und 3-Meter-Brett, einen Eltern-Kind-Bereich mit Kinder-Plansch- bzw. Matschgelände, einen Kiosk, eine Grillhütte, eine Minigolfbahn und eine riesige Liegewiese. Die Öffnungszeiten sind im Mai von 7.30–20 Uhr, Juni und Juli 7.30–21 Uhr, August 7.30–20.30 Uhr, ab 15. August 7.30–20 Uhr und September 7.30–19 Uhr.

Freibad Allmendingen, 89604 Allmendingen

Von Mai bis September kann das Freibad besucht werden. Ein Kinderbereich und ein Sprungturm sind neben dem Schwimmerbecken die Highlights. Auf der Liegewiese wird ausgiebig entspannt, bevor der Weg zum Kiosk lockt.

■ Freibad Langenau, Wörthstraße 16, 89129 Langenau

Die Wasserrutsche, der Wasserpilz, das Sprungbrett und der Kinderbereich begeistern die Kids. Beachvolleyballfeld, Tischtennis und Tischfußball können zudem genutzt werden. Der Kiosk versorgt die Badegäste mit Snacks und Getränken.

■ Freibad Schelkingen, Schelkingen

Im Schwimmerbecken und im Kinderbecken geht im Sommer so richtig die Post ab. Relaxed wird auf der Liegewiese. Das Bad hat während der Saison täglich von 10–20 Uhr, an Sonn- und Feiertagen von 9–20 Uhr geöffnet.

■ Höhenfreibad Bad Urach, Am Tiergartenberg, 72574 Bad Urach

Das Bad gehört zu den schönsten Freibädern auf der Schwäbischen Alb. Zur Verfügung stehen Schwimmerbecken mit Sprunganlagen, ein Nichtschwimmerbecken mit einer langen Rutsche sowie einer Breitrutsche, eine Tischtennisplatte, ein Abenteuerspielplatz und zwei Planschbecken. Eine kleine Rutsche für die Allerkleinsten ist ebenfalls zu entdecken. Das Freibad hat von Mai bis Mitte September geöffnet.

■ Waldfreibad Eningen, 72800 Eningen unter Achalm

Im 50-Meter-Becken sowie einem Sprungbereich mit 1-Metern und 3-Meter-Brett genießen die Familien die warmen Temperaturen. Daneben gibt es noch ein Kinderbecken mit Spielplatz und die Möglichkeit Tischtennis und Beachvolleyball zu spielen. Der Kiosk versorgt die Badegäste mit Speis und Trank. Von Mai bis September hat das Freibad täglich von 8–20 Uhr geöffnet.

■ Waldfreibad Öschingen, Hegnachwasen, 72116 Mössingen-Öschingen

Unter der Telefonnummer 07473/89 91 kann man sich bei unsicherer Wetterlage über die Öffnungszeiten des Waldfreibades informieren. Wenn es offen ist, bieten das 25-Meter-Becken für Schwimmer und Nichtschwimmer, das Planschbecken, das Kinderbecken mit Rutsche, das Kletterhaus, der Spielbereich mit Sandkasten und Rutsche und das Beachvolleyball-

Die Abkühlung lockt!

feld viel Spaß. Für die Entspannung gibt es eine gepflegte Liegewiese. Der Kiosk beeindruckt mit einem abwechslungsreichen Angebot.

Badeseen

■ **Badesee Erbach, 89155 Erbach**
Von Mai bis September lädt der See zum Baden ein. Liegewiesen, Rutschen und Stege sowie ein markierter Nichtschwimmerbereich verhelfen zu einem gelungenen Tag. Für sportliche Aktivitäten stehen ein Volleyballplatz, Fußball und Tischtennis zur Verfügung. Eine Badeaufsicht gibt es ebenfalls.

■ **Badesee Ersingen, 89155 Erbach-Ersingen, am Festplatz**
Gleich zwei Badeseen können erobert werden. Für die Sicherheit sorgt die DLRG-Rettungsstation der DLRG-Ortsgruppe. Toiletten, Grillplatz und Zeltplatz sind kostenpflichtig.

■ **Badesee Heppenäcker, 89616 Rottenacker**
Genügend Liegewiesen, Toiletten und Umkleidekabinen sind am See vorhanden. Zudem gibt es einen Spielplatz, auf dem getobt werden darf. Ein Zeltplatz und ein Kiosk vervollständigen das Angebot.

47 badkap in Albstadt

Purer Wasserspaß

Badenixen und Wasserpiraten erleben fröhliche Stunden im badkap. Zahlreiche Wasserattraktionen zeichnen das große Freizeitbad in Albstadt aus. Für jede Altersklasse ist etwas dabei.

Im Innenbereich des Erlebnisbades entdecken die Eltern und die Kinder ein riesiges Wellenbrandungsbecken mit 29 °C warmem Wasser. Alle 30 Minuten können sich die Familien an den aufkommenden Wellen erfreuen. Die ganz Kleinen dagegen erobern das **Kinderplanschbecken** mit seinen zahlreichen Spielgeräten. Da gibt es beispielsweise die Schlangenrutsche, die die Sprösslinge begeistert. Unter den wachsamen Augen ihrer Eltern machen sie erste Erfahrungen mit dem Wasser und lernen neue kleine Freunde kennen. Das Gaudibecken mit einem Wasserpilz und auch die Quellgrotte mit einer kleinen Wasserrutsche sind weitere Attraktionen. Eine 90 Meter lange Rutsche und ein 32 °C warmer Schwimmkanal fordern die Besucher des badkap besonders heraus. Aktive Badegäste versuchen gegen den Strom zu schwimmen, während der Entspannungssuchende sich einfach treiben lässt.

■ **Anfahrt:** Auto: Von Balingen oder Sigmaringen über die B 463 nach Ebingen. Öffentliche Verkehrsmittel: Vom Bahnhof Ebingen-West mit dem Bus bis Haltestelle badkap.

■ **Öffnungszeiten:** Januar bis Dezember jeweils So–Do, Feiertag 9–22 Uhr, Freitag, Samstag und an Tagen vor einem Feiertag 9–23 Uhr, Frühschwimmen: Di, Do ab 7 Uhr, am 24. Dezember bleibt das Bad geschlossen

■ **Preise:** Tageskarte Bad Erwachsene 11,90 Euro, Kinder 7–18 Jahre 7,90 Euro, Kinder bis 5 Jahre 2 Euro, Rabattkarten erhältlich; Tageskarte Bad und Sauna Erwachsene 13,90 Euro, Kinder 7–18 Jahre 16,90 Euro, Kinder bis 6 Jahre 4,50 Euro

■ **Altersempfehlung:** Ab 0 Jahren

■ **Information:** badkap Albstadt, Beibruck 1, 72458 Albstadt, Tel. 07431/160-19 30, www.badkap.de

■ **Einkehr:** Im badkap

Schwimmen im Außenbereich

Im Außenbereich ist der **Kinderaußenbereich** besonders erwähnenswert. Drei Becken mit unterschiedlichen Wassertiefen laden zum Planschen ein. »Schiff ahoi«, heißt es am Bachlauf. Dieser kann durch die Aktion der kleinen Hände selbst gestaut werden. Ein Spielboot mit Wasserspritze sowie eine Insel und ein Wasserpilz sorgen zudem für viel Spaß. Nach Herzenslust mit Sand und Wasser zu spielen ist dagegen auf dem Matschplatz möglich. In direkter Nähe befindet sich der Spielplatz mit einer Rutsche, einem Kletterhaus, Schaukeln und Wackeltieren. Ebenfalls im Freibereich, der von Mitte Mai bis Mitte September geöffnet hat, gibt es eine wundervolle Seenlandschaft. Liegewiese und schattige Terrassen laden zum Entspannen ein. Außerdem verfügt der Bereich über einen Grillplatz und einen Beachvolleyballplatz.

Abends kehrt langsam Ruhe ein.

Die separate **Saunalandschaft** beherbergt sieben Saunen und zwei Dampfbäder. Darunter befinden sich eine Panorama-Sauna, eine Erdsauna und eine Amethystsauna. Massagen und Kurse wie Babyschwimmen, Schwimmkurse für die älteren Kinder oder auch Aqua-Fitness werden außerdem angeboten. Informationen dazu sind unter der Telefonnummer 07431/160-19 47 oder unter Marketing@badkap.de erhältlich.

Wer fit in den Tag starten möchte, kann sich bei der kostenlosen Aquagymnastik austoben. Außerdem kann beim badkap-Clubtanz mit anschließender Animation mit lustigen Aqua-Spielen immer samstags, sonntags, an Feiertagen und in den Ferien um 14.40 Uhr mitgemacht werden. Ein weiteres Highlight ist die Lasershow. Diese findet täglich nach Einbruch der Dunkelheit statt.

Tipp

Ein feucht-fröhliches Vergnügen ist das Kindergeburtstagsangebot im badkap. Vier Stunden lang können das Geburtstagskind und seine fünf Freunde für 57 Euro das Bad erobern, inkl. Badeeintritt und Essen. Sehr beliebt ist auch das Animationsprogramm, das dazugebucht werden kann. 45 Minuten Animation kosten 25 Euro. Eine Woche vor dem geplanten Termin sollte die Anmeldung über die Telefonnummer 07431/160-19 47 erfolgen.

Tuttlinger Freizeit- und Thermalbad 48

Urlaubsfeeling in der Badelandschaft

Zu jeder Jahreszeit ist das Freizeit- und Thermalbad TuWass in Tuttlingen ein Anziehungspunkt für Familien. Im sprudelnden Quellwasser gönnen sie sich eine Auszeit vom stressigen Alltag. Für Action- und Entspannungssuchende gibt es einiges zu entdecken.

Im Freizeit- und Thermalbad TuWass in Tuttlingen genießen Eltern und Kinder ihre freie Zeit zusammen. Die Wasserwelt des Freizeitbades bietet erlebnisreiche Angebote. Ein absoluter Hit ist der Strömungskanal, in dem wackere Kinder versuchen, gegen die Strömung zu schwimmen. Im **Wellenbad** fühlen sie sich wie am Meer. Mit jeder schwappenden Welle wird der Spaß größer. Im Whirlpool werden müde Glieder und Muskeln wieder munter und die Sinne stellen sich ganz auf wohltuendes Blubbern ein. Für die Kleinsten gibt es ein Planschbecken. Hier spielen sie in dem flachen Wasser mit den anderen Kids, während Mama und Papa ihnen zusehen.

Richtig Spaß kommt bei den Rutschen auf. Immer wieder aufs Neue sausen die Jungen und Mädchen mit vielen Ahs und Ohs von den **Erlebnis-**

■ **Anfahrt:** Auto: Auf der B 14 nach Tübingen und dann in die Stuttgarter Straße. Öffentliche Verkehrsmittel: Vom Bahnhof Tuttlingen mit dem Bus 50 und 8 bis Haltestelle TuWass.
■ **Öffnungszeiten:** Mo–Fr 10–22 Uhr, Sa 8–22 Uhr, So 9–22 Uhr
■ **Preise:** Erwachsene Drei-Stunden-Karte 9 Euro, Kinder bis 14 Jahre Drei-Stunden-Karte 4,50 Euro, Jugendliche ab 15 Jahren Drei-Stunden-Karte 7,50 Euro, Kinder unter 4 Jahren frei
■ **Altersempfehlung:** Ab 0 Jahren
■ **Information:** TuWass Freizeit- und Thermalbad, Mühlenweg 1–5, 78532 Tuttlingen, Tel. 07461/966 55 66, www.tuwass.de
■ **Einkehr:** Im Bistro des Freizeit- und Thermalbades

rutschen. Die Black Hole überzeugt zudem durch Effekte mit Ton und Licht, während die Blue Line schnelle Rutschpartien garantiert. Die Sportlichen ziehen im wettkampftauglichen 25-Meter-Becken mit den sechs Bahnen ihre Runden. Vom Startblock tauchen sie mit einem kühnen Hechtsprung in das Wasser, um dann schnell auf dem Rücken oder der Brust durch das Wasser zu gleiten. In den Thermalbecken im Innen- wie auch im Außenbereich genießen die Familienmitglieder ihr Bad. Das Thermalwasser und die Sprudel- und Massagedüsen helfen beim Entspannen. Im Anschluss relaxen die Badegäste in den Ruheräumen.

Über zwei finnische Saunen, eine Dampfsauna, ein Sanarium und die Kelosauna verfügt der Saunabereich im TuWass. Die Saunalandschaft hat von Mo–So ab 11 Uhr, Mo–Mi bis 22 Uhr, Do bis 23 Uhr, Fr–Sa bis 24 Uhr

Feuchtes Vergnügen

und So bis 23 Uhr geöffnet. Neben Massagen werden auch Veranstaltungen im TuWass durchgeführt. Werktags findet um 11 Uhr und um 18 Uhr Wassergymnastik statt. Dieser Kurs ist ein kostenloses Angebot.

Von Montag bis Sonntag kann jedes Geburtstagskind seinen **Kindergeburtstag** in der Badelandschaft feiern. Drei Stunden Badevergnügen, ein Kindermenü (8,50 Euro) und eine Stunde Animation durch den Schwimmmeister (38 Euro) erwarten den Nachwuchs.

Bei fünf Kindern zahlt ein Erwachsener nur den Kinderpreis. Bei zehn Kindern gilt der Kinderpreis für zwei Erwachsene. Sollte eine Animation gewünscht sein, ist eine rechtzeitige Buchung des Kindergeburtstages notwendig.

Planschen macht Spaß!

49 Barbarossa-Thermen

Reine Entspannung

Die Barbarossa-Thermen vereinen Wellnessoase, Gesundheitspark, Saunawelt und Badearena unter einem Dach. Direkt in der Nähe des Stadtbades gelegen sind sie eine Oase für Entspannungssuchende. Dampfbäder im altrömisch-griechischen Stil und mehrere Saunen erwarten die Besucher.

■ **Anfahrt:** Auto: Über B 10 oder B 297 nach Göppingen, dann Richtung Hohenstaufenhalle. Öffentliche Verkehrsmittel: Vom Bahnhof Göppingen mit dem Bus 4, 97 oder 11 bis Haltestelle Ringstraße/Hohenstaufenhalle oder Nördliche Ringstraße/Schillerstraße.

■ **Öffnungszeiten:** Januar bis Dezember Mo 6.30–16 Uhr, Di 6.30–18.30 Uhr, Mi–Do 6.30–22 Uhr, Fr 6.30–23 Uhr, Sa 8–23 Uhr, So, Feiertag 8–22 Uhr

■ **Preise:** Badearena Tageskarte Erwachsene 4,80 Euro, ermäßigt 2,40 Euro; Kinder bis 6 Jahre frei, Familien 9,20 Euro

■ **Altersempfehlung:** Ab 0 Jahren

■ **Information:** Barbarossa-Thermen, Ulmer Straße 50, 73037 Göppingen, Tel. 07161/610 16 30, www.barbarossa-thermen.de

■ **Einkehr:** In den Barbarossa-Thermen

Die Barbarossa-Thermen in Göppingen entführen Eltern und Kinder in eine andere Welt. Die Badearena ist vor allem für Familien interessant. Hier entdecken sie ein 25 Meter langes Schwimmerbecken. Ganz kühne Familienmitglieder wagen einen Sprung von der 1-Meter-, 3-Meter- oder 5-Meter-Sprunganlage. Neben dem Lehrbecken verfügt die Badearena über ein **Erlebnisbecken**. Hier gibt es einen Strömungskanal, Wasserpilz, Bodensprudler, Nackenduschen sowie Massagedüsen.

Bei der 57 Meter langen Riesenrutsche bleibt lange kein Auge trocken. Mehrere Kurven und Jumps sorgen für gehöriges Magenkribbeln. Eine elektronische Zeitmessanlage gibt Rutschzeit, Tagesbestzeit und die generelle Bestzeit bekannt. Das spornt auch die Eltern an.

Die Minis toben sich im **Planschbecken** aus. Begeistert sausen sie von der kleinen Rutsche und entdecken den Wasserpilz. Bei einer Wassertemperatur von 33 °C fühlen sie sich pudelwohl.

Wärmeliebende genießen den Aufenthalt in der **Saunawelt**. Die Früchtesauna mit ihren wechselnden fruchtigen Aufgüssen bei 95°C oder die Kräutersauna bei 60°C mit Klang- und Lichtspiel

Die Riesenrutsche hinunter sausen

sorgen für viel Entspannung. Ein Kristall-Nebelbad, also ein Schwitzbad mit der Kombination aus Wärme und Feuchtigkeit, wird gern einmal ausprobiert. Für Abkühlung zwischen den Saunagängen sorgt der Eisbrunnen. Wechselbäder, Sauna-Lounge, Blockhaussaunen und Entspannungsbecken stehen ebenfalls zur Verfügung. An der Balance-Vitalbar lassen sich die Saunagänger Fruchtiges schmecken.

Die Wellnessoase beeindruckt mit Angeboten wie dem Tauchbecken, dem Türkischen Hamam oder dem Irisch-Römischen Bad. Im Gesundheitspark dagegen finden Massagen und Bewegungstherapie statt.

Mit Speisen und Getränken werden die Familien im Restaurant und Café bewirtet. Außerdem gibt es einen Imbiss. Neben Eis stehen auch leckere warme Gericht wie Ofenkartoffeln oder das selbstgemachte Kartoffelrösti auf der Karte. Zudem kann hier der **Kindergeburtstag** gefeiert werden. Für das Geburtstagskind wird ein Geburtstags-Thron bereitgestellt. Außerdem wird die Geburtstagstafel dekoriert. Auf Anfrage unter Tel. 07161/945 99 84 ist die spezielle Hits for Kids-Speisekarte erhältlich.

Lustige Karussellfahrten

Feste

50 Feste feiern, wie sie fallen

Feste, Brauchtum und Kinderveranstaltungen in der Region

Januar

Reutlingen – Jeweils am 6. Januar wird in der schwäbisch-alemannischen Fasnet das Häs begangen. Das Häs bedeutet das Fasnetskostüm. Die Besucher erwartet eine bunte Show.

Tübingen – Messe zum Thema Hochzeit. Zahlreiche Aussteller stellen hier unter anderem Hochzeitskleider, Torten, Ringe und Fahrzeuge aus. Zudem gibt es Informationen zu Dienstleistungen.

Februar

Ammerbuch – Traditionell wird in Altingen mit Schülerbefreiung, Rathaussturm und Festumzug die schwäbisch-alemannische Fasnet gefeiert. Der Moiakäfer, die Altinger Narrenfigur, ist natürlich auch anzutreffen.

Tübingen – Jedes Jahr wird die schwäbisch-alemannische Fasnet in Tübingen begangen. Mehrere Zünfte präsentieren sich. Außerdem wird ein Narrenbaum aufgestellt.

Tübingen – Die Narrenmesse stimmt die Narren und Närrinnen auf den Beginn der Fasnetzeit ein. Sie findet in der katholischen St. Bonifatius Kirche in Tübingen-Bühl statt.

Zwiefalten – Die schwäbisch-alemannische Fasnet wird beim Rällesprung (Fasnetumzug) gefeiert. Im Mittelpunkt stehen Kloster-Rälle und der Zwiefalter Hansel, der Teutschbuch-Gockel und der Gauinger Bär. Der traditionelle Rällesprung findet am Fastensonntag statt.

März

Schechingen – Zu Ostern schmücken die Einheimischen den Osterbrunnen mit rund 10 000 echten Eiern auf dem Marktplatz vor dem Rathaus.

April

Beuren – Die Schäfertage am dritten Wochenende im April läuten den Frühling ein. Das Freilichtmuseum Beuren vermittelt Wissenswertes zum

Pferderitt in der Dämmerung

Schäferberuf. Außerdem gibt es einen Schäfermarkt mit vielen Schafpro-
dukten.

Laichingen – Ostermarkt in Laichingen jeweils am Ostermontag. Einen
großen Krämermarkt gibt es zu erkunden.

Mai

Ehingen (Donau) – Pfingstmarkt.

Mössingen – Zum internationalen Museumstag gibt es viele Angebote
für Kinder und Jugendliche.

Münsingen – Rund um den Bahnhof findet das Bahnhofsfest jeweils am
1. Mai statt.

Nürtingen – Der Maientag in Nürtingen wird seit 1602 gefeiert. Ein Fest-
zug, Aufführungen und Wettkämpfe zeichnen das Fest aus.

Juni/Juli

Grabenstetten – Jeweils im Juni oder Juli findet das Flugplatzfest der Modellbaugruppe und der Großflieger in Grabenstetten statt. Tausende von Modellbaufliegern, darunter Motorsegler, Motorflugzeuge, Doppeldecker, Hubschrauber und Ballons zeigen ihre Flugkünste.

Ulm – Von Mai bis Juli ist das Ulmer Zelt ein Anziehungspunkt für Groß und Klein. Das alte Zirkuszelt befindet sich am Ulmer Volksfestplatz. Hier gibt es ein vielfältiges Programm zu erleben.

Tübingen – Tübinger Sommertheater am Platz vor der Burse.

August

Bad Urach – Sommer-Open-Air-Kino.

Burg Hohenzollern – Sternschnuppen-Nächte von Freitag bis Samstag.

Zwiefalten – Vespermarkt.

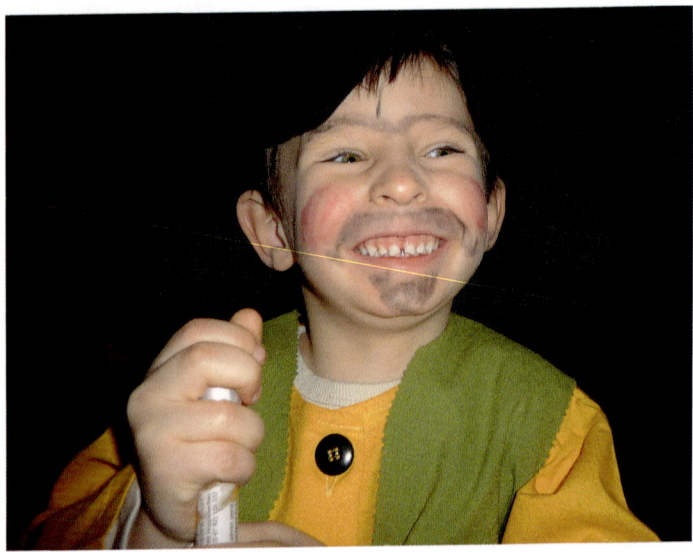

Aberwitziger Räuberhauptmann

September

Münsingen – Auf dem Herbstmarkt stellen Händler ihre Waren aus. Außerdem kann ausgiebig geschlemmt werden.

Oktober

Tübingen – Im Oktober schwimmen Tausende nummerierte gelbe Quietschenten auf dem Neckar. Die Enten können vor dem Rennen gekauft werden. Die Besitzer der schnellsten Enten gewinnen tolle Preise.

November

Kusterdingen – Ende November findet in der Hindenburgstraße der Weihnachtsmarkt statt. Hier finden die Besucher Adventskränze und viele Leckereien. Eine Spielstraße und einen Kasper gibt es für die Kinder.

Wannweil – Seit 1983 wird der Weihnachtsmarkt in Wannweil veranstaltet. An den Ständen können die Besucher noch ein Geschenk entdecken und ihren Appetit stillen.

Dezember

Pfullingen – Jeweils am ersten Adventswochenende findet der Weihnachtsmarkt statt.

Reutlingen – Der Nikolaus besucht den Weihnachtsmarkt, der jedes Jahr rund um die Marienkirche aufgebaut wird. Außerdem können die Kids Eislaufen, auf dem Kinderkarussell fahren oder die Krippe bewundern.

Sigmaringen – Sigmaringen on Ice dauert 4 Wochen. Hier darf jeder ein paar Runden drehen.

Trochtelfingen – Samstags um 17 Uhr und sonntags um 14 Uhr besucht der Nikolaus den Christkindlesmarkt. Dieser findet in der historischen Kernstadt statt.

Ulm – Strahlend präsentiert sich der Weihnachtsmarkt Ulm. Weihnachtliche Waren und viele Leckereien werden angeboten.

Winterlingen – Am zweiten Adventswochenende findet der Weihnachtsmarkt statt. Neben dem Bestaunen von Handwerklichem können sich die Besucher mit Kutteln oder Fischgerichten stärken.

Orts- und Sachregister

Ebenfalls erhältlich ...

ISBN 978-3-86246-016-8

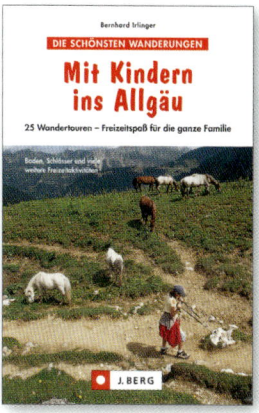

ISBN 978-3-86246-059-5

Almtiere, Hütten, Abenteuer am Wegesrand: »Das große Familienwanderbuch Alpen« bietet für jeden etwas, vom Baby bis zum Schulkind.

25 kindgerechte Touren zwischen Oberstaufen, Oberstdorf und Füssen führen zu malerischen Seen, schaurigen Schluchten oder tosenden Wasserfällen.

Impressum

Unser komplettes Programm:

www.j-berg-verlag.de

Produktmanagement: Sabine Klingan
Lektorat: Christian Schneider, München
Layout: Eva-Maria Klaffenböck, München, www.atelier-luk.de
Kartografie: Heike Boschmann, Computerkartografie Carrle, München
Repro: Cromika, Verona
Herstellung: Barbara Uhlig
Printed in Italy by Printer Trento

Alle Angaben dieses Werkes wurden von den Autoren sorgfältig recherchiert und auf den aktuellen Stand gebracht sowie vom Verlag geprüft. Für die Richtigkeit der Angaben kann jedoch keine Haftung übernommen werden.
Für Hinweise und Anregungen sind wir jederzeit dankbar. Bitte richten Sie diese an:

J. Berg Verlag
Postfach 400209
D-80702 München
E-Mail: lektorat@verlagshaus.de

Bildnachweis: Alle Fotos vom Autor außer:
S. 12: Fa. Holcim (Süddeutschland) GmbH; S. 14, 21, 22: LEGOLAND® Deutschland Freizeitpark GmbH; S. 17: Gemeinde Holzmaden; S. 19: Stadt Heidenheim; S. 25, 95: Gemeinde Sonnenbühl; S. 28: Kultur- und Freizeitgemeinde Herbertingen; S. 30: Kurverwaltung Bad Urach; S. 33: Burggaststätte Hohen Neuffen GmbH; S. 34: Burg Hohenzollern; S. 37: Stadt Münsingen; S. 39: Bobbahn Donnstetten; S. 43: Kletterwald Laichingen; S. 47: Freizeitpark Traumland GbR; S. 49: Gerald Stempel; S. 51: Verkehrsverein Tübingen; S. 53: Tierpark Göppingen e.V.; S. 55, 56: Stadt Giengen an der Brenz; S. 58: Stadt Giengen an der Brenz; S. 60: Gemeinde Gerstetten; S. 62: TRESS GASTRONOMIE GmbH & Co.KG; S. 70, 75, 76: Margarete Steiff GmbH; S. 73, 74: LALO Center GmbH; S. 79, 80, 81: Gemeinde Holzmaden; S. 83: Ulm/Neu-Ulm Touristik GmbH; S. 85: ALB-GOLD; S. 87: Limesmuseum Aalen; S. 91: Kunsthalle Göppingen; S. 93: Heimatverein Killer e.V.; S. 97, 98: Kletterzentrum Balingen; S. 101, 102, 103: Kart Challenge; S. 105: Gebr. Märklin & Cie. GmbH; S. 109: Aalener Urweltmuseum; S. 111: Gemeinde Steinheim am Albuch; S. 113: Meline Mayer; S. 115: Universität Ulm; S. 116, 117, 118, 119: Theater Patati Patata; S. 120, 133: Barbarossa-Thermen; S. 122, 123, 125: Stadtwerke Mössingen; S. 127: badkap Albstadt; S. 130: TuWass

Umschlagvorderseite: Kinder im Gras (Bildagentur Huber/Simeone Giovanni)
Umschlagrückseite: Auf dem Barfußpfad bei Gerstetten

Die Deutsche Nationalbibliothek verzeichnet diese Publikation in der Deutschen Nationalbibliografie; detaillierte bibliografische Daten sind im Internet über http://dnb.d-nb.de abrufbar.

ISBN 978-3-86246-040-3